Thomas Michalski
Tänze von einst

Etwas unklar?

Sollte etwas an diesem Buch unklar geblieben sein, erreicht ihr mich am einfachsten per Mail an
info@thomas-michalski.de

Dieses Buch ist den Tänzerinnen und Tänzern des Saltatio – Historisches Tanzen Aachen e.V. gewidmet, ohne die es diese Wissenssammlung nie hätte geben können.

Thomas Michalski

Tänze von einst

... und jene,
die ihnen ähneln,
kompakt erklärt.

Impressum

Geschrieben und gesetzt von
Thomas Michalski

mit großem Dank an alle Tänzerinnen und Tänzer, die auf Fehler aufmerksam gemacht und auf Unklarheiten hingewiesen haben.

Gesammelt und herausgegeben in Zusammenarbeit mit
Saltatio – Historisches Tanzen Aachen e.V.

Verlag und Herstellung:
BoD - Books on Demand, Norderstedt

ISBN
978-3-7504-1912-4

Deutsche Erstausgabe.
Februar 2020.

Aufgrund der in der Mittelalter-Tanzszene üblichen Vermischung von echten historischen, historisch-modifizierten und historisch anmutenden Tänzen sowie der starken Tendenz zu mündlicher Überlieferung von Schrittfolgen war es nicht immer möglich, die in diesem Buch enthaltenen Choreographien eindeutig zuzuordnen. Wo eine zeitgenössische Quelle bekannt war bzw. eine historische Quelle auszuschließen war, wurde sich um eine entsprechende Abdruckerlaubnis bemüht. Sollte jedoch ein noch lebender Urheber übersehen worden sein, handelt es sich dabei um ein Versehen und ich bitte um Hinweis unter info@thomas-michalski.de.

Kapitel 1

Worin die Schritte, Figuren und Grundhaltungen erläutert werden, die für diese Tänze benötigt werden.

Es fällt schnell ins Auge, dass die Begriffe in diesem Kapitel scheinbar recht willkürlich aus diversen Sprachen, vor allem Deutsch, Englisch und Französisch, zusammengestellt wurden, quer durch Epochen, Stile und Konventionen.
Das ist uns bewusst.
Es sind die Begriffe, die in unserer Wahrnehmung die meiste Verwendung finden und die so auch bei uns im Verein genutzt werden. Wichtiger als sprachliche Einheitlichkeit war uns sprachliche Eindeutigkeit – und insofern werden die gleichen Figuren in diesem Buch auch immer unter dem gleichen Namen genannt, selbst wenn der Begriff vielleicht nicht aus dem gleichen Kontext stammen mag, wie der gerade beschriebene Tanz.

Anstellschritt
Der führende Fuß wird in die angegebene Richtung gesetzt, der nachfolgende Fuß in dem darauffolgenden Taktschlag, wie der Name sagt, an das führende Bein wieder „angestellt".

Auswenden
Der Tanzende dreht sich um sich selbst und dabei zudem aus der Reihe heraus („der Tanzende wendet aus"). Zumeist, um stattdessen die Position eines anderen im Karree einzunehmen, manchmal aber auch, um einen anderen Tänzer zu umrunden.

Balancé
Der führende Fuß wird vorgesetzt und das Gewicht darauf verlagert, das andere Bein hebt sachte ab und kann dabei ein wenig angewinkelt werden. Dies wird einen Moment gehalten, dann wird das Gewicht wieder zurück auf das hintere Bein verlagert und der führende Fuß daneben abgesetzt.

Balance out
Der linke Fuß wird nach hinten genommen und der rechte anschließend daneben abgesetzt. Danach, in einer neuen Bewegung, wird der

linke Fuß wieder nach vorne gestellt und der rechte anschließend daneben abgesetzt.

Chassé

Das führende Bein macht einen Schritt in die angegebene Richtung. Dann wird das andere Bein herangezogen und, wenn es daneben angekommen ist, das führende Bein einen weiteren Schritt in die angegebene Richtung gezogen. Ein wenig so, als würde der hintere Fuß den vorderen „jagen" (im Wort steckt französisch „chasser", jagen).

Dos-a-Dos

Eine Figur zu zweit. Beide Tänzer gehen zunächst mit dem linken, dann mit dem rechten Fuß nach vorne. Anschließend kreuzt der linke vor den rechten Fuß und der rechte wird wieder daneben angestellt. Die Tänzer stehen Rücken an Rücken (daher französisch „dos à dos"). Die Bewegung wird fortgesetzt, indem sie beide je den linken Fuß zurücksetzen, dann den rechten Fuß zurücksetzen. Anschließend öffnet der linke Fuß zur linken Seite hin auf und der rechte wird wieder daneben angestellt. Diese Bewegung dauert acht Taktschläge.
Einsteigertipp: Im Kern geht es bei Dos-a-Dos darum, dass beide Tänzer aneinander Rücken an Rücken vorbeitanzen. Wem die genaue Stellung der Füße noch unklar bleibt, der kann sich anhand der generellen Bewegung dort herantasten.
Hinweis: Das Dos-a-Dos muss nicht mit links führend begonnen werden, sondern kann auch anders herum getanzt werden. Eine solche Figur kommt in den Tänzen in diesem Buch jedoch nicht vor.

Double

Der Tanzende erhebt sich auf die Zehenballen („Relevé") und geht dann drei kleine Schritte, zunächst mit dem genannten Fuß, dann mit dem anderen, dann wieder mit dem genannten. Auf den vierten Taktschlag setzt er den anderen Fuß wieder neben dem vorderen Fuß ab und senkt seine Füße wieder herab. Das Double („Doppel") besteht also aus dreieinhalb Schritten; seinen Namen verdankt es seiner Dauer, denn es ist mit vier Schlägen doppelt so lang wie ein **Simple**.

Ein Double kann in jede Richtung getanzt werden. In diesem Buch gibt die Richtung im Namen den Fuß an, mit dem begonnen wird (ein „Double links“ etwa geht „links | rechts | links | rechts ran und absetzen“), die Richtung des Schrittes ist hingegen davor mit vorwärts, seitwärts etc. angegeben. Ist keine Richtung genannt, wird das Double vorwärts getanzt.
Siehe auch **Simple**.

Drehung um die eigene Schulter

Die Drehung um die eigene Schulter kommt in diesem Buch als „Drehung um die linke“ sowie „rechte Schulter“ vor. Der Tanzende geht in vier kleinen Schritten einmal im Kreis, wobei seine eigene, angegebene Schulter wie eine Mittelachse der Drehung fungiert. Der Tanzende dreht sich „um sich selbst“.

Einhandkreis

Eine Figur für zwei Tanzende. Beide reichen einander die eine Hand, wie zu einer Begrüßung. Dann gehen sie miteinander in acht Schritten einmal im Kreis.
Eine ähnliche Figur ist die **Handtour**.
Siehe auch **Halber Einhandkreis**.

Fallback

In dieser in Reihentänzen vorkommenden Figur fassen sich jeweils alle Herren und/oder alle Damen an den Händen. Dann gehen sie gemeinsam in vier Schritten von der Reihenmitte aus nach hinten, wobei der vierte dieser Schritte nur neben den anderen Fuß angestellt wird. (Sie „fallen“ also von der ihnen gegenüberliegenden Reihe aus „zurück“).

Fallback and Meet

Siehe hierzu die Figuren **Fallback** und **Meet**, die hintereinander getanzt werden.
Siehe auch **Meet and Fallback**.

Figure Eight

Eine Figur für zwei Paare, wobei nur eines aktiv tanzt. Der Herr geleitet seine Dame diagonal durch das andere Paar, um dann selbst auch diagonal hindurchzugehen. Beide umrunden jeweils eine Person des anderen Paares, kreuzen dann noch einmal diagonal durch die Mitte, umrunden die andere Person des anderen Paares und kehren auf ihren Platz zurück. Vereinfacht gesagt: Die Figur ist eine vollständige Schleife, wie die namengebende Acht oder ein Unendlichkeitszeichen, wobei die beiden passiven Tänzer je umrundet werden.
Siehe auch **Half-Figure Eight**.

Fontäne

Eine Figur für zwei Paare. Das vordere Paar **wendet aus**, das hintere Paar folgt dem jeweiligen Vordermann dabei jeweils auf dem Fuße. Wie bei einer kleinen Polonaise gehen beide Herren respektive Damen also jeweils einmal miteinander im Kreis und kommen so aus, wie sie gestartet sind. *Hinweis*: Es ist für das hintere Paar sehr wichtig, dass das vordere Paar seinen ersten Schritt scharf nach links (für Herren) bzw. rechts (für Damen) geht. Geht das vordere Paar stattdessen den ersten Schritt noch nach vorne, wird der Weg für das hintere Paar zu lang, um in acht Taktschlägen gemessen zu bewältigen zu sein.
Siehe auch **Auswenden**.

Fortschritt

In Country Dances / Kontratänzen – also jene, die in Karrees getanzt werden – gibt es jeweils die Paare 1 und 2. Paar 1 arbeitet sich während des Tanzes die Reihe hinauf (d.h. nach hinten), Paar 2 die Reihe herab (d.h. nach vorne). Am Ende jedes Durchgangs ist jedes Paar einen Platz in die jeweilige Richtung vorgerückt und es werden neue Karrees gebildet. Paar 1 zu ist Beginn eines jeden Durchgangs das *vordere* Paar, Paar 2 das *hintere* Paar. Diesen Wechsel nennt man auch „Fortschritt“. Erreicht ein Paar das Ende seiner Reihe und findet dort kein Paar mehr vor, mit dem es tanzen kann, setzt es einen kompletten Durchgang lang aus, wechselt dann seine Nummer und steigt danach in die damit verbundene, neue Richtung wieder ein.

Normalerweise erfolgt in jedem Durchgang genau ein Fortschritt und damit verbunden ein Karreewechsel. Eine Ausnahme in diesem Buch ist die **Jamaica**, die zwei Fortschritte aufweist.

Große Ronde

Eine Figur für zwei Paare. Alle vier Tanzenden fassen einander an den Händen und gehen miteinander in acht Schritten einmal vollständig im Kreis. Siehe auch **Halbe große Ronde**, **Halbe Ronde** und **Ronde**.

Halber Einhandkreis

Eine Figur für zwei Tanzende. Beide reichen einander die eine Hand, wie zu einer Begrüßung. Dann gehen sie miteinander in vier Schritten einmal halb im Kreis herum, sodass sie miteinander die Plätze tauschen. Siehe auch **Einhandkreis**.

Halbe Ronde

Eine Figur für zwei Tanzende. Beide fassen einander an beiden Händen und gehen in vier Schritten einen halben Kreis, sodass jeder auf dem Platz endet, an dem der andere begonnen hat.
Siehe auch **Große Ronde**, **Halbe große Ronde** und **Ronde**.

Halbe große Ronde

Eine Figur für zwei Paare. Alle vier Tanzenden fassen einander an den Händen und gehen miteinander in vier Schritten einmal einen halben Kreis. Am Ende haben die beiden Paare die Positionen getauscht und Männer wie Frauen stehen auf der jeweils anderen Seite der Reihe.
Siehe auch **Große Ronde**, **Halbe Ronde** und **Ronde**.

Half-Figure Eight

Eine Figur für zwei Paare, wobei nur eines aktiv tanzt. Der Herr geleitet seine Dame diagonal durch das andere Paar, um dann selbst auch diagonal hindurchzugehen. Beide umrunden jeweils die eine Person des anderen Paares, um je auf dem Platz auszukommen, von dem der eigene Partner aus gestartet ist.
Siehe auch **Figure Eight**.

Handtour

Eine Figur für zwei Tanzende. Beide reichen einander etwa auf Höhe der Schultern ihre flachen Hände dar und gehen so umeinander in acht Schritten einmal vollständig im Kreis. In diesem Buch meint eine „Handtour links“, dass die Tanzenden links herum gehen (und sich die rechten Hände reichen), eine „Handtour rechts“ entsprechend das Gegenteil.

Hinweis: Manche besonders keusche Form dieser Figur legt Wert darauf, dass sich die Handflächen *gerade eben nicht* berühren, sondern dass sie einen Finger breit voneinander entfernt auf Abstand gehalten werden.

Varianten: Regional beliebt sind zudem Varianten wie die Armtour (bei der die Hände einander mehr auf Hüfthöhe berühren) oder die „Pulstour“ (bei der nicht die Hände, sondern die Handgelenke aneinander gelegt werden). Der Kern der Figur wird davon nicht beeinflusst, man muss sich nur mit seinem Tanzpartner verständigen.

Siehe auch **Einhandkreis** und **Halber Einhandkreis**.

Hey

Eine Figur für eine beliebige Zahl Tanzender. Die Tanzenden bewegen sich auf einer Linie oder über Eck, ein wenig, als wäre es ein Slalom. Zu Beginn passiert man sich links, also mit den rechten Schultern aneinander. Wurde links ein Tänzer passiert, passiert man den nächsten rechts, den darauffolgenden wieder links und so weiter. Ist das Ende einer Reihe erreicht, geht der Tanzende mit der Schulter, die gerade „innen“ wäre, einen kleinen Bogen um einen imaginären Tanzpartner und steigt von der Seite aus (wieder mit der anderen Schulter) erneut in die Figur ein.

Das Hey gibt es in vielen Varianten, denen vor allem dieses slalomartige Laufen gemein ist. Im **Black Nag** tanzen drei Herren miteinander ein Hey, so lange, bis jeder wieder an seinem Platz ist. In der **Branle de la Montarde** ist es nur ein Tänzer, der sich im Slalom durch die anderen bewegt, während diese stehen bleiben. Und im **Red House** wird ein Hey über Eck getanzt, mit Paar 1 und abwechselnd Herrn oder Dame 2.

Tipp: Die häufigste Problemquelle beim Hey ist es, dass Leute vergessen, am Ende einer Reihe die zusätzliche Schleife mit Schulterwechsel zu laufen. Die zweithäufigste Problemquelle ist es, dass sich Leute

gegenseitig verunsichern, wer nun auf welcher Seite vorbei muss. Wer jedoch stoisch seine Schleifen läuft, sollte mit der Figur auf Dauer keine großen Probleme haben.
Tipp 2: Wenn Unsicherheit im Karree vorherrscht, kann es auch helfen, sich statt an den Mittänzern an den Punkten zu orientieren, an deren sie *zu Beginn* gestanden haben. Dort liegen auch jeweils die „Kreuzungspunkte" für jeden Beteiligten.
Tipp 3: Auch wenn es nicht auf den ersten Blick so wirkt, hilft es doch, sich vor Augen zu führen, dass bei einem Hey in der Regel alle Tanzenden der gleichen Bahn (gleich einer 8 oder einem ∞) folgen – nur von unterschiedlichen Startpunkten aus betrachtet.

Karree

Ein Karree wird aus zwei Paaren gebildet. Das vordere Paar ist Paar 1, das hintere Paar ist Paar 2. Der Herr aus Paar 1 ist Herr 1, die Dame aus Paar 2 ist Dame 2, etc.
Siehe auch **Fortschritt**.

Kette

Eine Figur für zwei Paare. Herr und Dame reichen sich die rechte Hand und gehen links aneinander vorbei. Sie lassen einander los und drehen sich auf dem kürzesten Weg um 90° zu ihrem Karree-Gegenpartner (Herr 1 zu Herr 2, Dame 1 zu Dame 2). Dort reichen sich die Herren sowie die Damen je die linke Hand und gehen rechts aneinander vorbei. Sie drehen sich zum 90°, reichen ihrem Partner wieder die rechte Hand und gehen links aneinander vorbei. Bei Bedarf kann dies so fortgesetzt werden.
Hinweis: In den meisten Fällen in diesem Buch ist die Kette drei Stufen lang, also Partner | gleichgeschlechtlicher Karreepartner | Partner. Die einzige Ausnahme hier ist der **Siege of Limerick**, der eine vierstufige Kette enthält, sowie der **Old Bachelor** mit einer zweistufigen Kette. Eine dreistufige Kette erzielt einen **Fortschritt**, eine vierstufige Kette bringt die Tanzenden an den Ausgangspunkt der Figur zurück.
Variante: Die Kette ist im Grunde eine Version des **Hey**, nur mit zusätzlichem Handreichen.

Tipp: Manchen Leuten hilft es, sich bei der Kette vor Augen zu halten, dass man (bei der dreistufigen Variante) effektiv ein U geht. All das Passieren anderer Tänzer, all das Händereichen ändert nichts daran, dass man im Grunde nur geht und zweimal je um 90° abbiegt.
Die Kette wird gerne mal falsch als „Hecke“ bezeichnet, was jedoch eigentlich bei Arbeau einem **Hey** glich.

Kiekbuschfassung

Die Dame steht vor dem Herren, wendet ihm den Rücken zu. Sie stehen leicht versetzt, er steht ein bisschen weiter links als sie. Der Herr bietet der Dame links und rechts seine Hände dar und sie legt auf beiden Seiten ihre Hände auf seine auf.
Die Kiekbuschfassung wird landläufig auch gerne als „Allemande-Fassung“ oder „Allemande-Stellung“ bezeichnet, nach dem entsprechenden Tanz benannt, weil sie über diesen bei vielen historischen Tanzgruppen eine größere Verbreitung erfahren hat.

Lead up and down

Die Tanzenden gehen vier Schritte vorwärts, wobei der vierte Schritt nicht voll ausgeführt wird, sondern wahlweise an den vorderen Fuß angestellt oder davor sacht aufgetippt wird. Danach gehen sie wieder vier Schritte rückwärts, wobei auch hier der vierte Schritt nicht voll ausgeführt wird, sondern an das Standbein angestellt wird.

Meet

In dieser in Reihentänzen vorkommenden Figur fassen sich jeweils alle Herren und/oder alle Damen an den Händen. Dann gehen sie gemeinsam in vier Schritten zur Reihenmitte hin nach vorne, wobei der vierte dieser Schritte nur neben den anderen Fuß angestellt wird. (Zeitgleich getanzt „treffen“ sich Herren und Damen also in der Mitte).

Meet and Fallback

Siehe hierzu die Figuren **Meet** und **Fallback**, die hintereinander getanzt werden.
Siehe auch **Fallback and Meet**.

Mühle

Eine Figur für zwei Paare. Alle Beteiligten strecken einen Arm in die Mitte und gehen so miteinander im Kreis – wie ein symbolisiertes Mühlrad. In der Regel wird eine Mühle mit den rechten Händen in der Mitte eröffnet und im Uhrzeigersinn gegangen. Erfolgt danach ein Richtungswechsel, wie bei der **Indian Queen**, werden entsprechend die linken Hände in die Mitte geführt und es wird gegen den Uhrzeigersinn gegangen.
Die Mühle kommt in Fassungen mit acht Taktschlägen oder zwölf Taktschlägen vor. Die zwölf Schläge lange Mühle im **Queen's Jig** führt die Tanzenden einmal komplett im Kreis an ihren Ausgangspunkt zurück. Üblicherweise fassen sich bei der Mühle die Gegenpartner an den Händen. Also Herr 1 und Dame 2, Herr 2 und Dame 1.
Variante: In einigen regionalen Fassungen wird die Mühle ohne Anfassen getanzt. Dann werden einfach nur von allen vier Personen des Karrees acht bzw. zwölf Schritte in die gleiche Richtung unternommen. Ebenfalls gebräuchlich ist eine Form, in der jeder seine Hand auf das Handgelenk der Person vor ihm legt und diese so verflochten werden.

Passieren, einander

Herr und Dame gehen auf einander zu und gehen aneinander vorbei. Bei Kreistänzen wird dies für Partnerwechsel genutzt (**Branle Cassandra, Newcastle Circle**), bei Reihentänzen kann es in verschiedene Figuren überleiten. Beim **Old Bachelor** und der **La Belle Hollandoise** bilden sie im Anschluss eine Viererkette mit dem anderen Paar. Im **Sailor's Reprieve** rückt Paar 2 dabei vor und beide Paare wechseln so miteinander den Platz im Karree (ähnlich einem **Auswenden**).

Pied en l'air

Der Tanzende hüpft auf einen Fuß, hebt dabei den anderen Fuß an und streckt diesen schräg nach vorne. Diese Haltung gibt der Figur auch ihren Namen (franz. für „Fuß in der Luft").
In diesem Buch benennen eventuelle Richtungsangaben den Fuß, der gehoben wird. Ein Pied en l'air links beschreibt also einen Hüpfer auf den rechten Fuß, wobei der linke gehoben wird, ein Pied en l'air rechts entsprechend das Gegenteil.

Platzwechsel

Eine Figur für zwei Tanzende. Beide gehen aufeinander zu, bis sie dicht an dicht stehen, drehen sich dort umeinander und gehen dann rückwärts weiter, bis sie auf dem Startplatz des jeweils anderen auskommen.

Révérence

Der Herr führt für die Révérence sein rechtes Bein in einem Halbrund nach hinten und winkelt es dort an. Dadurch, nicht durch einen gebeugten Rücken, verlagert er seine Höhe und zollt seiner Tanzpartnerin Respekt. Die Bewegung kann durch einen eleganten Handschwung mit der Rechten begleitet werden.
Die Dame vollführt eine kleinere Bewegung, führt den rechten Fuß direkt hinter ihren linken und winkelt dann beide Beine in einem Knicks ab. Auch sie verlagert ihre Höhe durch die Beine, nicht durch einen gekrümmten Rücken. Sie kann dabei ebenfalls mit einer Hand kokettieren oder mit beiden ihren Rock ein wenig heben.
Beide blicken einander bei der Révérence in die Augen.

Ronde

Eine Figur für zwei Tanzende. Beide fassen einander an beiden Händen und gehen in acht Schritten einmal vollständig im Kreis.
Siehe auch **Große Ronde**, **Halbe große Ronde** und **Halbe Ronde**.

Set

Oberbegriff für eine ganze Reihe von Figuren, die alle darauf basieren, dass zunächst seitwärts ein Schritt in die eine, dann ein Schritt in die gegenläufige Richtung gemacht wird. Die häufigste Form ist das **Set and Turn**, bei dem das ganze zusammen mit einer **Drehung um die eigene Schulter** kombiniert wird. Ein Set kann jedoch auch einzeln vorkommen. Dann wird zunächst ein Schritt in die angegebene Richtung gemacht, dann einer zurück.
Siehe auch **Set and Turn** und **Set up / Set down**.

Set and Turn

Set and Turns kommen immer mit einer Richtung daher, links oder rechts. Die Tanzenden machen seitwärts zunächst einen Schritt in die genannte Richtung, dann in die andere Richtung, und beschließen die Figur, indem sie in der genannten Richtung eine **Drehung um die eigene Schulter** tanzen. (Also entweder Schritt nach links | Schritt nach rechts | Drehung um die linke Schulter, oder umgekehrt.)
Siehe auch **Set up / Set down**.

Setting-Steps

Eine Figur für zwei Tanzende. Beide springen einander leicht eingeschrägt entgegen, zunächst mit dem linken Fuß voran. Sie verharren einen Schlag, das Gewicht auf dem linken Fuß, dann springen sie einander weiter entgegen, nehmen dabei den rechten Fuß vor und verharren einen Taktschlag auf diesem. Insgesamt dauern diese zwei Sprünge vier Taktschläge.

Set up / Set down

Bei einem Set up macht der Tanzende zunächst einen Seitwärtsschritt die Tanzreihe hinauf (also nach hinten; in normaler Aufstellung bei Herren rechts, bei Damen links), dann in die andere Richtung.
Bei einem Set down macht der Tanzende zunächst einen Seitwärtsschritt die Tanzreihe herab (also nach vorne; in normaler Aufstellung bei Herren links, bei Damen rechts), dann in die andere Richtung.
Siehe auch **Set and Turn**.

Siding

Eine Figur für zwei Tanzende. Beide gehen vier Schritte aufeinander zu, bis sie Schulter an Schulter stehen. Dann gehen beide wieder vier Schritte zurück an ihre Ausgangsposition.
Dieses Buch unterscheidet zwischen einem Siding links, bei dem die Tanzenden links aneinander vorbeigehen und demnach mit den rechten Schultern aneinander stehen, und einem Siding rechts, bei dem man entsprechend rechts aneinander vorbeigeht und daher mit den linken Schultern zueinander steht.

Simple

Der Tanzende erhebt sich auf die Zehenballen („Relevé“) und geht dann einen kleinen Schritt mit dem genannten Fuß voran, setzt den anderen wieder daneben und senkt seine Füße herab.

Ein Simple kann in jede Richtung getanzt werden. In diesem Buch gibt die Richtung im Namen den Fuß an, mit dem begonnen wird (ein „Simple links“ etwa geht „links | rechts ran und absetzen“), die Richtung des Schrittes ist hingegen davor mit vorwärts, seitwärts etc. angegeben. Ist keine Richtung genannt, wird das Simple vorwärts getanzt.

Siehe auch **Double**.

Törchen

Ein Element verschiedener Tanzfiguren. Wenn ein Törchen gebildet wird, heben zwei Tänzer - zumeist ein Tanzpaar - ihre beiden Arme und bilden mit diesen, die Fingerspitzen aneinander gelegt, ein Dach, unter dem andere Tänzer dann hindurchschreiten können.

Beispielsweise wird dieses Element innerhalb eines Karrees im **Seepferd und Biber** genutzt, oder aber in der **Gallopede**, um eine ganze Reihe von Tänzern durchzulassen.

In anderen Tänzen wie dem **Grimstock** und dem **Gypsy Girl‘s Headscarf** findet sich eine sehr ähnliche Figur, wo jedoch nur mit je einem Arm der Durchgang gebildet wird.

Wendet aus

Siehe **Auswenden**

Kapitel 2

Worin die Tänze an sich beschrieben werden.

Die Tanz-Symbole im Buch

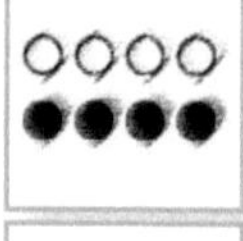

Reihentanz
für beliebig viele Paare

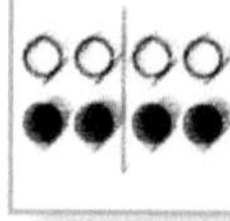

Reihentanz mit Karrees
für beliebig viele Paare

Reihentanz
zu je drei Paaren

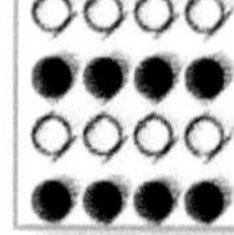

Reihentanz in zwei Reihen
für beliebig viele Paare

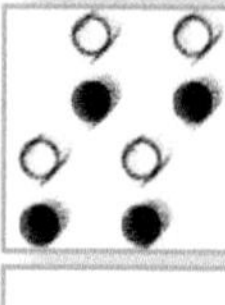

Reihentanz, versetzt,
für beliebig viele Paare

Paartanz

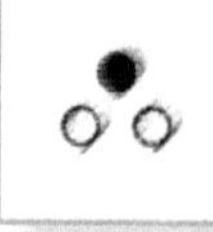

Ein Mann tanzt
mit zwei Damen

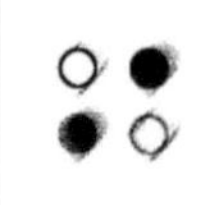

Tanz für
zwei Paare

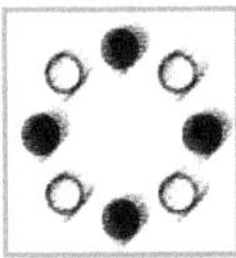

Kreistanz, Herren und Damen nebeneinander

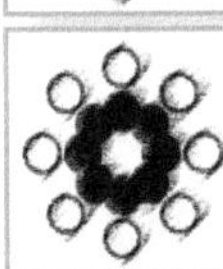

Kreistanz, Herren innen, Damen außen

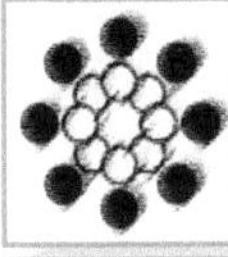

Kreistanz, Herren außen, Damen innen

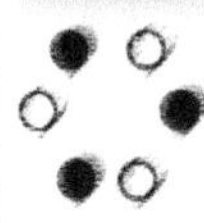

Kreistanz zu je drei Paaren

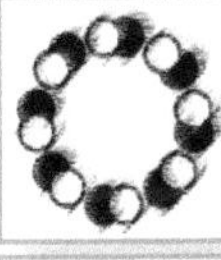

Kreistanz in Kiekbusch-Fassung

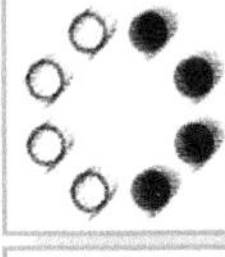

Kreistanz, nach Herr und Dame getrennt

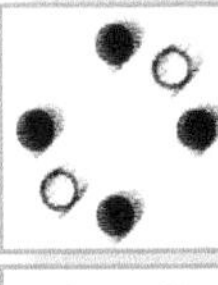

Kreistanz, gebildet aus mehreren Gruppen

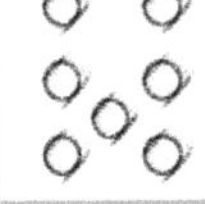

Tanz für sieben Tänzer

Allemande

Paartanz
Gerader Takt
(Fassungen mit ungeradem Takt existieren ebenso wie Fassungen, die in der letzten Strophe von gerade auf ungerade wechseln.)

Tanzbeschreibung

Die Dame steht vor dem Herrn in der **Kiekbuschfassung**.

1-4 Das Paar tanzt ein **Chassé links**, dann ein **Chassé rechts**.
5-8 Das Paar tanzt ein **Chassé links**, dann ein **Chassé rechts**.
1-4 Das Paar tanzt ein **Chassé links**, dann ein **Chassé rechts**, auf dem letzten Takt wendet es um 180°.

5-8 Das Paar tanzt ein **Chassé links**, dann ein **Chassé rechts**.
1-4 Das Paar tanzt ein **Chassé links**, dann ein **Chassé rechts**.
5-8 Das Paar tanzt ein **Chassé links**, dann ein **Chassé rechts**, danach lösen sie die linken Hände wenden sie sich zueinander hin.

1-4 Das Paar tanzt seitwärts ein kleines **Chassé links**, dann ein **Chassé rechts**.
5-8 **Pied en l'air** rechts, **Pied en l'air** links.
1-4 Beide Tänzer tanzen eine **Drehung um die rechte Schulter**.
5-8 Das Paar tanzt eine **Handtour links**.

Nach der Handtour wechseln beide Tanzenden die Hand, sodass sie sich nun mit links fassen.

1-4 Das Paar tanzt seitwärts ein kleines **Chassé links**, dann ein **Chassé rechts**.
5-8 **Pied en l'air** rechts, **Pied en l'air** links.
1-8 Die Dame dreht sich vor dem Herrn und nimmt anschließend wieder die **Kiekbuschfassung** ein.

Der Tanz beginnt erneut.

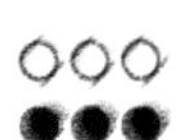

Black Nag

Reihentanz zu je drei Paaren
Gerader Takt

Tanzbeschreibung

Die Tanzenden bilden eine Reihe. Der Blick ist zu Beginn nach vorne gerichtet. Der Tanz wird zu je drei Paaren getanzt.

I

1-8 Alle tanzen ein **Lead up and down**.

9-16 Das **Lead up and down** wird wiederholt.

II

1-4 Paar 1 fasst sich an beiden Händen und rückt mit drei beschwingten Sprüngen nach vorne ab.

5-8 Paar 2 fasst sich an beiden Händen und rückt mit drei beschwingten Sprüngen zu Paar 1 auf.

9-12 Paar 3 fasst sich an beiden Händen und rückt mit drei beschwingten Sprüngen zu Paar 2 auf.

13-16 Jeder tanzt eine **Drehung um die linke Schulter**.

1-4 Paar 3 fasst sich an beiden Händen und rückt mit drei beschwingten Sprüngen zurück zum Ausgangspunkt ab.

5-8 Paar 2 fasst sich an beiden Händen und rückt mit drei beschwingten Sprüngen zu Paar 3 auf.

9-12 Paar 1 fasst sich an beiden Händen und rückt mit drei beschwingten Sprüngen zu Paar 2 auf.

13-16 Jeder tanzt eine **Drehung um die rechte Schulter**.

III

1-8 **Siding links** mit dem Partner.

9-16 **Siding rechts** mit dem Partner.

Forts.

IV

1-4 Herr 1 und Dame 3 tanzen einen **Platzwechsel**.
5-8 Herr 3 und Dame 1 tanzen einen **Platzwechsel**.
9-12 Herr 2 und Dame 2 tanzen einen **Platzwechsel**.
13-16 Jeder tanzt eine **Drehung um die linke Schulter**.

1-4 Herr 1 und Dame 3 tanzen einen **Platzwechsel**.
5-8 Herr 3 und Dame 1 tanzen einen **Platzwechsel**.
9-12 Herr 2 und Dame 2 tanzen einen **Platzwechsel**.
13-16 Jeder tanzt eine **Drehung um die rechte Schulter**.

V

1-8 **Handtour links** mit dem Partner.
9-16 **Handtour rechts** mit dem Partner.

VI

1-8 Die Herren tanzen auf der Linie ein **Hey**.
9-16 Die Damen tanzen auf der Linie ein **Hey**.

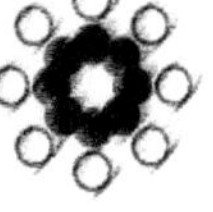

Blaue Flagge, Die

Kreistanz
Ungerader Takt

Tanzbeschreibung

Die tanzenden stehen im Kreis, die Herren innen, die Damen außen, und reichen ihrem Partner die rechte Hand.

1-3 Ein Schritt aufeinander zu.
4-6 Ein Schritt voneinander weg.
7-12 Platzwechsel, wobei die Dame unter dem Arm des Herrn hindurchdreht.

1-12 Wiederholung

1-3 Ein Schritt aufeinander zu.
4-6 Ein Schritt voneinander weg.
7-9 Der Herr macht einen Schritt nach außen, die Dame dreht sich um 180° und beide fassen einander in der **Kiekbuschfassung**.
10-12 Gemeinsam ein Schritt zurück.

1-3 Gemeinsam ein Schritt nach vorn
4-6 Der Herr dreht die Dame mit der rechten Hand wieder zu sich und wechselt ihre Rechte in seine Linke.
7-9 Beide drehen sich um 90° und kicken mit ihren inneren Füßen entgegen der Kreisrichtung.
10-12 Die Dame dreht unter dem linken Arm des Herren einen Platz weiter und es erfolgt somit ein Partnerwechsel.

Tipp: Dem Tanz liegt ein ungerader Takt zugrunde. Was hier also als „Schritt“ bezeichnet wird, ist im Kern je ein Walzerschritt auf 1-2-3.

Der Tanz beginnt erneut.

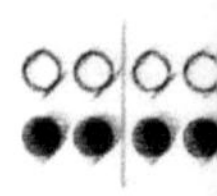

Bobbing Joe

Reihentanz
Gerader Takt

Tanzbeschreibung

Die Tanzenden bilden eine Reihe. Der Blick ist zu Beginn nach vorne gerichtet. Die Paare reichen einander die Hand.
Der Tanz wird in Karrees getanzt.

Ia

1-8	Alle tanzen ein **Lead up and down**.
9-16	Diese Figur wird wiederholt.
1-8	Alle tanzen ein **Set and Turn links**.
9-16	Alle tanzen ein **Set and Turn rechts**.

Ib

1-4	Die Paare 1 und 2 tauschen den Platz. Paar 1 geht dabei außen auf den Platz von Paar 2, während Paar 2 zwischen den beiden anderen auf den Platz von Paar 1 geht.
5-8	Die Bewegung setzt sich fort. Nun geht Paar 1 innen zurück auf seinen Platz, während Paar 2 außen an ihnen vorbei auf seinen zurückkehrt. Während der gesamten Bewegung sind Herr und Dame jeweils zueinander gewandt.
9-16	Alle tanzen zusammen eine **große Ronde**.
1-4	Herr 2 klatscht, dann klatscht Herr 1.
5-8	Die beiden Herren tanzen einen **Platzwechsel**.
1-4	Dame 2 klatscht, dann klatscht Dame 1.
5-8	Die beiden Damen tanzen einen **Platzwechsel**.

Forts.

IIa

1-8 Die Tanzpartner tanzen ein **Siding links**.

9-16 Die beiden tanzen anschließend ein **Siding rechts**.

1-8 Alle tanzen ein **Set and Turn links**.

9-16 Alle tanzen ein **Set and Turn rechts**.

IIb

1-8 Alle tanzen ein **Fallback and Meet**.

9-16 Paar eins **wendet aus**, Paar 2 schließt auf.

1-4 Die Paare tanzen je **eine halbe Ronde**.

5-8 Sie beenden dies im Karree mit einer **halben großen Ronde**.

9-12 Die Paare tanzen erneut **eine halbe Ronde**.

13-16 Auch dies wird mit einer **halben großen Ronde** beendet.

IIIa

1-8 Die Tanzpartner tanzen eine **Handtour links**.

9-16 Die beiden tanzen anschließend eine **Handtour rechts**.

1-8 Alle tanzen ein **Set and Turn links**.

9-16 Alle tanzen ein **Set and Turn rechts**.

IIIb

1-8 Die Herren tanzen ein **Fallback and Meet**.

9-16 Die Damen tanzen ein **Fallback and Meet**.

1-4 Die Herren tanzen einen **Platzwechsel**.

5-8 Herr 1 und Dame 2, sowie Herr 2 und Dame 1 tanzen einen **Platzwechsel**.

1-4 Die Damen tanzen einen **Platzwechsel**.

5-8 Die Tanzpartner tanzen miteinander einen **Platzwechsel**.

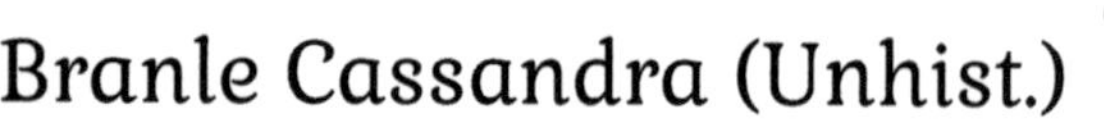

Branle Cassandra (Unhist.)

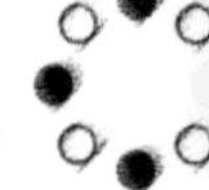

Kreistanz
Gerader Takt

Tanzbeschreibung

Die Tanzenden stehen nebeneinander in einem Kreis, je abwechselnd Herr neben Dame. Die Tanzpaare stehen einander zugewandt.

I

1-4	Jeder macht zwei **Anstellschritte links**.
5-8	Drehung über den rechten Fuß zurück zur Ausgangsposition.
1-4	Jeder macht zwei **Anstellschritte rechts**.
5-8	Drehung über den linken Fuß zurück zur Ausgangsposition.

II

1-4	Die Tanzpartner reichen sich beide Hände und tanzen ein **Balancé links**.
5-8	Die Tanzpartner vollführen eine **halbe Ronde** linksherum.
1-2	Jeder tanzt ein **Simple links** und klatscht dabei auf den zweiten Schlag.
3-6	Drehung über den rechten Fuß zurück zum Partner.

III

1-4	Die Tanzpartner reichen sich beide Hände und tanzen ein **Balancé rechts**.
5-8	Die Tanzpartner vollführen eine **halbe Ronde** rechtsherum.
1-2	Jeder tanzt ein **Simple rechts** und klatscht dabei auf den zweiten Schlag.
3-6	Die beiden Tanzpartner **passieren einander** rechtsschultrig und gehen zu der jeweils *nächsten* Person im Kreis.

Der Tanz beginnt erneut.

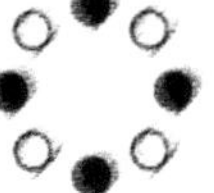

Branle coupé Cassandra

Kreistanz
Gerader Takt

Tanzbeschreibung

Die Tanzenden stehen in einem durchgefassten Kreis, je abwechselnd Herr neben Dame.

I

1-8 Alle tanzen ein **Double links**, dann ein **Double rechts**.
1-4 Alle tanzen ein **Double links**.
5-8 Alle drehen sich über den rechten Fuß eine volle Drehung nach rechts.

II

1-8 Alle tanzen ein **Double links**, dann ein **Double rechts**.
1-2 Alle tanzen ein **Simple links**.
3-6 Alle drehen sich über den rechten Fuß eine volle Drehung nach rechts.

III

1-8 Alle tanzen ein **Double links**, dann ein **Double rechts**.
1-2 Alle tanzen ein **Simple links**.
3-6 Alle drehen sich über den rechten Fuß eine volle Drehung nach rechts.

Der Tanz beginnt erneut.

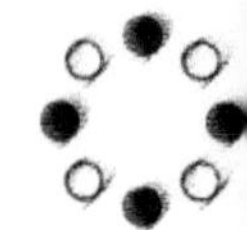

Branle d'Ecosse
(Die „Schottenbranle“)

Kreistanz
Gerader Takt

Tanzbeschreibung

Die Tanzenden stehen in einem durchgefassten Kreis, je abwechselnd Herr neben Dame.

I

1-8 Alle tanzen ein **Double links**, dann ein **Double rechts**.
1-4 Alle tanzen ein **Simple links**, dann ein **Simple rechts**.

Teil I wird insgesamt vier Mal wiederholt.

II

1-4 Alle tanzen ein **Double links**.
5-8 Alle tanzen ein **Simple rechts**, dann **Simple links**.

1-8 Alle tanzen ein **Double rechts**, dann ein **Double links**.

1-2 Alle tanzen ein **Simple rechts**.
3-8 Alle hüpfen ein **Pied en l'air rechts**, **Pied en l'air links**, **Pied en l'air rechts**, und drehen sich dabei einmal entgegen dem Uhrzeigersinn jeweils um 90°.
1-4 Beim „großen Sprung“ springt jeder Tänzer in die Höhe, reckt dabei sein linkes Bein nach vorne und sein rechts Bein gleichzeitig nach hinten.

Teil II wird im Anschluss noch einmal wiederholt.

Der Tanz beginnt erneut.

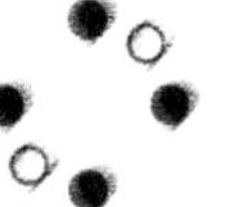

Branle de la Montarde

Kreistanz für eine feste Anzahl Tänzer
Gerader Takt

Tanzbeschreibung

Die Tanzenden stehen jeweils in kleinen Gruppen nebeneinander. Die Gruppen insgesamt bilden miteinander einen Kreis.
Die Anzahl Tänzer je Gruppe hängt von der verwendeten Musik ab; sie entspricht der Anzahl Wiederholungen der Musik in Teil II.

Ia (nur im ersten Durchgang)
1-16 Die Gruppen springen seitlich links herum den Kreis entlang.
1-16 Dies wird noch einmal wiederholt.

II
1-4 Der erste Tänzer in jeder Gruppe hüpft mit vier **Pied en l'air** insgesamt einen Platz in Tanzrichtung nach vorne von den anderen weg und dreht sich bei jedem Sprung um 90°.
Diese Figur wird so lange wiederholt, bis alle Tänzer eines aufgerückt sind und wieder zueinander aufgeschlossen haben.

Ib (ab dem zweiten Durchgang)
1-16 Der vorderste Tanzende tanzt ein **Hey** durch seine Gruppe hindurch, bis er ganz hinten angekommen ist.
Die anderen Tänzer rücken derweil mit kleinen Schritten insgesamt einen Platz nach vorne auf.
1-16 Die Gruppen springen seitlich links herum den Kreis entlang.

II
Wie zuvor.

Der Tanz beginnt erneut; wiederholt werden immer abwechselnd die Abschnitte Ib und II, bis die Musik endet.

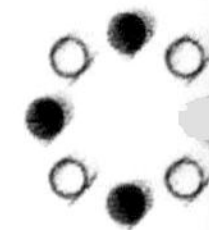

Branle des Chevaux
(Die „Pferdebranle“)

Kreistanz
Gerader Takt

Tanzbeschreibung

Die Tanzenden stehen in einem durchgefassten Kreis, je abwechselnd Herr neben Dame.

I

1-8 Alle tanzen ein **Double links**, dann ein **Double rechts**.
1-8 Dies wird noch einmal wiederholt.

Die Tänzer wenden sich in Paaren zueinander.

II

1-4 Der Herr und die Dame tanzen einen **Platzwechsel**.
5-8 Beide gehen ein **Double rechts** auf der Stelle.
1-4 Der Herr und die Dame tanzen einen **Platzwechsel**.
5-8 Beide gehen ein **Double rechts** auf der Stelle.

III

1-2 Der Herr stampft zwei Mal mit dem Fuß auf.
3-4 Der Herr tanzt ein **Simple rechts**.
5-8 Der Herr dreht sich über den linken Fuß eine volle Drehung nach rechts zurück an seinen Platz.
1-2 Die Dame stampft zwei Mal mit dem Fuß auf.
3-4 Die Dame tanzt ein **Simple rechts**.
5-8 Die Dame dreht sich über den linken Fuß eine volle Drehung nach rechts zurück an ihren Platz.

Teil III wird noch einmal wiederholt.

Der Tanz beginnt erneut.

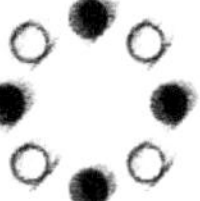

Branle des Lavandières
(Die „Waschweiberbranle", auch „Waschweiberreigen")

Kreistanz
Gerader Takt

Tanzbeschreibung

Die Tanzenden stehen in einem durchgefassten Kreis, je abwechselnd Herr neben Dame.

I

1-4 Die Tanzenden machen mit dem linken Fuß einen Schritt auf der Kreisbahn, kreuzen davor mit dem rechten Bein und machen mit links einen weiteren Schritt. Abschließend „treten" sie mit dem rechten Fuß nach links.

5-8 Die Tanzenden gehen gleichsam zurück: Mit dem rechten Fuß ein Schritt nach rechts, mit dem linken davor kreuzen und mit dem Rechten einen zweiten Schritt nach rechts. Abschließend „treten" sie mit dem linken Fuß nach Rechts.

1-8 Diese Figur wird noch einmal wiederholt.

Die Paare drehen sich zueinander

II

1-4 Alle tanzen ein **Simple links**, dann ein **Simple rechts**. Dabei heben die Herren ihren Zeigefinger „schimpfend" zuerst rechts, dann links.

5-8 Alle tanzen ein **Simple links**, dann ein **Simple rechts**. Dabei heben die Damen ihren Zeigefinger „schimpfend" zuerst rechts, dann links.

Forts.

Der Blick geht wieder zur Kreismitte

III

1-4 **Double links**, begleitet von viermaligem Klatschen.
5-8 **Double rechts**, wobei im Kreis wieder durchgefasst wird.
1-4 **Double links**, begleitet von viermaligem Klatschen.
5-8 Mit vier Hüpfern drehen die Tänzer sich einmal links herum.

Der Tanz beginnt erneut.

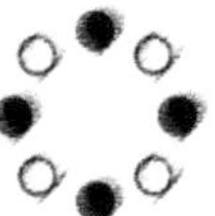

Branle des Maltes
(Die „Malteserbranle“)

Kreistanz
Gerader Takt

Tanzbeschreibung

Die Tanzenden stehen in einem durchgefassten Kreis, je abwechselnd Herr neben Dame.

I

1-6 Alle tanzen ein **Double links**, dann ein **Simple rechts**.
1-6 Dies wird noch einmal wiederholt.

II

1-4 Die Herren gehen wie zu einer Verhandlung in die Mitte.
5-6 Die Herren wenden sich in großen Schritten links herum wieder nach außen.
7-10 Die Herren gehen wieder nach außen und wenden sich am Ende wieder zur Kreismitte.

1-4 Die Damen gehen wie zu einer Verhandlung in die Mitte.
5-6 Die Damen wenden sich in großen Schritten links herum wieder nach außen.
7-10 Die Damen gehen wieder nach außen und wenden sich am Ende wieder zur Kreismitte.

Der Tanz beginnt erneut.

Tipp: Im englischsprachigen Raum begegnet man bisweilen dem Tanz, den wir hier als *Schiarazula* geführt haben, als „Maltese Bran(s)le“. Diese Bezeichnung ist historisch gesehen jedoch inkorrekt.

Branle des Pois

(Die „Erbsenbranle“, auch „Erbsenreigen“)

Kreistanz
Gerader Takt

Tanzbeschreibung

Die Tanzenden stehen in einem durchgefassten Kreis, je abwechselnd Herr neben Dame.

I

1-8 Alle tanzen ein **Double links**, dann ein **Double rechts**.

1-8 Diese Figur wird noch einmal wiederholt.

II

1-2 Die Herren machen einen beherzten Sprung an die Seite ihrer Dame.

3-4 Die Damen entfernen sich mit einem beherzten Sprung wieder von ihrem Herrn.

5-8 Die Herren schließen mit drei kleinen Hüpfern zu ihrer Dame auf.

1-2 Die Damen entfernen sich mit einem beherzten Sprung wieder von ihrem Herrn.

3-4 Die Herren machen einen beherzten Sprung an die Seite ihrer Dame.

5-8 Die Dame geht mit drei kleinen Hüpfern wieder auf den anfänglichen Abstand zu ihrem Herrn.

Der Tanz beginnt erneut.

Branle des Rats

(Die „Rattenbranle“, auch „Rattenreigen“)

Reihentanz
Gerader Takt

Tanzbeschreibung

Die Tanzenden bilden eine Reihe. Der Blick ist zu Beginn zum Partner gerichtet.

I

1-8 Alle tanzen ein **Double links**, dann ein **Double rechts**.
1-8 Diese Figur wird noch einmal wiederholt.

II

1-2 Beide Tänzer springen mit dem linken Fuß schräg links aufeinander zu.
3-4 Dann springen sie mit dem rechten Fuß schräg rechts aufeinander zu.
5-6 Bei einem weiteren Sprung auf den linken Fuß drehen sie sich um 90°, sodass sie Rücken an Rücken stehen.
7-8 Ein letzter Sprung auf den rechten Fuß und eine weitere Drehung um 90° lässt die Tänzer auf der gegenüberliegenden Seite auskommen und sich wieder anblicken.

Der Teil II wird so oft wiederholt, wie es die Musik vorsieht.
Danach beginnt der Tanz erneut.

Tipp: Im Grunde sind die Sprünge in Teil II **Setting Steps**. Sie sind hier nur separat aufgeführt, um die Abfolge (und das Umrunden) deutlicher herausstellen zu können.

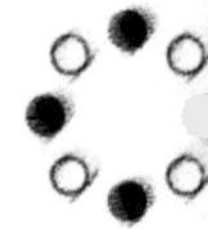

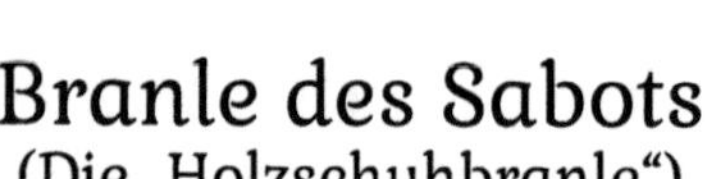

Branle des Sabots

(Die „Holzschuhbranle“)

Kreistanz
Gerader Takt

Tanzbeschreibung

Die Tanzenden stehen in einem durchgefassten Kreis, je abwechselnd Herr neben Dame.

I

1-8 Alle tanzen ein **Double links**, dann ein **Double rechts**.
1-8 Dies wird noch einmal wiederholt.

II

1-4 Alle tanzen ein **Simple links**, dann ein **Simple rechts**.
5-6 Alle stampfen zwei Mal mit dem rechten Fuß auf.
7-8 Pause
1-8 Dies wird noch einmal wiederholt.

Der Tanz beginnt erneut.

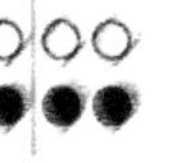

Candles in the Dark

Reihentanz
Ungerader Takt

Tanzbeschreibung

Die Tanzenden bilden eine Reihe. Der Blick ist zu Beginn zum Partner gerichtet.
Der Tanz wird in Karrees getanzt.

I

1-12 Herr 1 geleitet Dame 1 in einer **Half-Figure Eight** durch das andere Paar hindurch.
1-12 Herr 1 geleitet Dame 2 in einer **Half-Figure Eight** zwischen Dame 1 und Herr 2 hindurch.
1-12 Herr 2 geleitet Dame 1 in einer **Half-Figure Eight** zwischen Dame 2 und Herr 1 hindurch.
1-12 Herr 2 geleitet Dame 2 in einer **Half-Figure Eight** durch das andere Paar hindurch.

II

1-12 Doppeltes **Dos-a-Dos** beider Paare miteinander, wobei Paar 1 außen beginnt, Paar 2 innen.
1-12 Das Karree tanzt eine vollständige **große Ronde**.
1-12 Doppeltes **Dos-a-Dos**, wobei Paar 1 innen beginnt, Paar 2 außen.
1-12 Anderthalbfache **Ronde** mit dem Partner.

Es wurde ein Fortschritt erzielt, demnach bilden sich neue Karrees.
Der Tanz beginnt erneut.

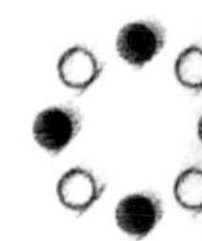

Circassian Circle

(Der „Fröhliche Kreis“)

Kreistanz
Gerader Takt

Tanzbeschreibung

Die Tanzenden stehen in einem durchgefassten Kreis, je abwechselnd Herr neben Dame.

1-4 Herren und Damen gehen gemeinsam in die Mitte.
5-8 Herren und Damen gehen gemeinsam wieder zurück.
1-8 Das Gleiche erneut.

1-4 Die Damen gehen alleine in die Mitte und klatschen auf den vierten Schlag.
5-8 Die Damen gehen rückwärts wieder aus der Mitte, die Herren klatschen auf den fünften Schlag.
1-4 Die Herren gehen alleine in die Mitte.
5-8 Die Herren drehen sich links herum und treten vorwärts wieder aus der Mitte, hin zu der Dame, die zuvor *links* von ihnen stand.

1-16 Herr und Dame stellen sich leicht seitlich voreinander, die rechten Füße gegeneinander gesetzt. Sie legen einander die rechten Hände auf die rechten Schultern und ergreifen unterhalb davon ihre linken Hände. So gefasst drehen sie möglichst beherzt 16 Schläge umeinander im Kreis.

1-12 Nachdem sie sich umeinander gedreht haben, dreht sich die Dame vor dem Herrn in eine **Kiekbuschfassung** und beide schreiten 12 Schläge lang auf der Kreisbahn entlang.
13-16 Die Dame dreht sich unter dem rechten Arm des Herrn hindurch wieder auf die Kreisbahn.

Es wird durchgefasst und der Tanz beginnt erneut.

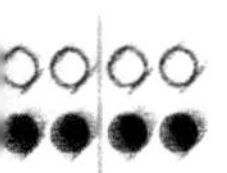

Childgrove

Reihentanz
Gerader Takt

Tanzbeschreibung

Die Tanzenden bilden eine Reihe. Der Blick ist zu Beginn zum Partner gerichtet.
Der Tanz wird in Karrees getanzt.

1-8 Alle Paare tanzen ein **Siding links**.
1-8 Die Herren tanzen ein **Dos-a-Dos**.
1-8 Alle Paare tanzen ein **Siding rechts**.
1-8 Die Damen tanzen ein **Dos-a-Dos**.

1-4 Herr 1 und Dame 1 drehen sich je um ihre rechte Schulter.
5-8 Herr 1 und Herr 2 sowie Dame 1 und Dame 2 tanzen je einen **Platzwechsel**.
1-8 Paar 1 tanzt eine **Ronde**.

1-16 Paar 1 tanzt eine **Figure Eight**.
Paar 2 ist dabei nicht unbewegt. Wenn Paar 1 das erste Mal kreuzt, wenden sie in der Zeit auf den Startpunkt von Paar 1 aus. Dort angekommen beginnen dann auch sie eine **Figure Eight**, die solange fortgesetzt wird, bis alle wieder an ihren Plätzen sind.

Es wurde ein Fortschritt erzielt, demnach bilden sich neue Karrees.
Der Tanz beginnt erneut.

Tipp: Die letzte Figur wird klarer, wenn man sich vor Augen hält, dass eine *Figure Eight* im Grunde aus zwei Teilen besteht, einem *Crossing* (das diagonale Kreuzen) und einem *Casting* (außen herum wieder zurück). Wenn eine normale *Figure Eight* also *Crossing* | *Casting* | *Crossing* | *Casting* ist, geht Paar 2 entsprechend *Casting* | *Crossing* | *Casting* | *Crossing*.

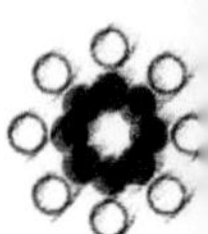

Chapelloise

Kreistanz
Gerader Takt

Tanzbeschreibung

Die Tanzenden stehen im Kreis, die Herren innen, die Damen außen. Der Blick folgt der Kreisbahn. Die Dame legt ihre linke Hand in die rechte Hand des Herrn.

1-8 Beginnend mit den äußeren Füßen gehen Herr und Dame miteinander acht Schritte auf der Kreisbahn. Zwischen dem vierten und fünften Schritt drehen sich beide innen herum um 180°, gehen dann gemeinsam die restlichen Schritte rückwärts.

1-8 Beginnend mit den äußeren Füßen gehen Herr und Dame miteinander acht Schritte zurück. Wieder wird sich zwischen dem vierten und fünften Schritt innen herum um 180° gedreht und der Rest rückwärts gegangen.

1-2 Herr und Dame hüpfen aufeinander zu.

3-4 Herr und Dame hüpfen voneinander weg.

5-8 Die Dame geht vor dem Herrn her nach innen, der Herr geht nach außen und ergreift nun mit seiner linken Hand die rechte Hand der Dame.

1-2 Herr und Dame hüpfen aufeinander zu.

3-4 Herr und Dame hüpfen voneinander weg.

5-8 Die Dame dreht sich unter dem linken Arm des Herren hindurch wechselt den Partner, indem sie zum nachfolgenden Herrn tritt.

Der Tanz beginnt von vorn.

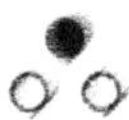

La Cochinchine
(Der „Wickler“)

Tanz für je drei Personen.
Gerader Takt

Tanzbeschreibung

Wahlweise tanzen ein Herr und zwei Damen, oder zwei Damen und ein Herr miteinander.
Einer der drei Tänzer bildet die „Mitte“ (meist der ‚Einzelne‘), die beiden anderen sind „außen“.
Zu Beginn fassen alle drei untereinander durch.

1-8 Die Tanzenden hüpfen fröhlich acht Mal links herum im Kreis.
1-8 Die Tanzenden hüpfen fröhlich acht Mal rechts herum im Kreis.

Die beiden äußeren Tänzer lassen einander los, sodass sie jeweils nur noch den mittleren Tänzer an der Hand haben.

1-4 Der mittlere Tänzer hebt die rechte Hand und der Äußere links von ihm geht unter den erhobenen Armen hindurch. Der mittlere Tänzer dreht sich entsprechend der Bewegung mit.
5-8 Der mittlere Tänzer hebt die linke Hand und der Äußere rechts von ihm geht unter den erhobenen Armen hindurch. Der mittlere Tänzer dreht sich wieder entsprechend der Bewegung mit.
1-8 Diese Figur wird noch einmal wiederholt.

Danach fassen die Tänzer wieder durch und der Tanz beginnt erneut.

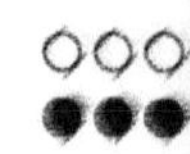

Drive the cold winter away

Reihentanz zu je drei Paaren
Gerader Takt

Tanzbeschreibung

Die Tanzenden bilden eine Reihe. Der Blick ist zu Beginn nach vorne gerichtet. Der Tanz wird zu je drei Paaren getanzt.

I

1-8 Alle tanzen ein **Lead up and down**.

9-16 Das **Lead up and down** wird wiederholt.

IIa

1-4 Herr 1 tritt in die Mitte der Reihe.

5-16 Herr 1 tanz eine halbe **Handtour links** mit Dame 2 und eine **Handtour rechts** mit Dame 3. Er endet auf dem Platz von Herr 3.
Gleichzeitig gehn die Herren 2 und 3 zwischen den Damen 2 und 3 hindurch, wenden sich links um, treten von vorne wieder in die Reihe und Rücken zu Herrn 1 (auf dem Platz von Herrn 3) wieder auf.

1-4 Herr 1 tritt in die Mitte der Reihe.

5-16 Herr 1 tanz eine halbe **Handtour links** mit Dame 2 und eine **Handtour rechts** mit Dame 1. Er endet auf seinem Ursprungsplatz.
Gleichzeitig gehn die Herren 2 und 3 zwischen den Damen 2 und 3 hindurch, wenden sich rechts um, treten von hinten wieder in die Reihe und Rücken zu Herrn 1 wieder auf.

III

1-8 **Siding links** mit dem Partner.

9-16 **Siding rechts** mit dem Partner.

Forts.

IIb

1-4 Dame 1 tritt in die Mitte der Reihe.

5-16 Dame 1 tanz eine halbe **Handtour links** mit Herr 2 und eine **Handtour rechts** mit Herr 3. Sie endet auf dem Platz von Herr 3.
Gleichzeitig gehn die Damen 2 und 3 zwischen den Herren 2 und 3 hindurch, wenden sich links um, treten von vorne wieder in die Reihe und Rücken zu Dame 1 (auf dem Platz von Dame 3) wieder auf.

1-4 Dame 1 tritt in die Mitte der Reihe.

5-16 Dame 1 tanz eine halbe **Handtour links** mit Herr 2 und eine **Handtour rechts** mit herr 1. Sie endet auf ihrem Ursprungsplatz.
Gleichzeitig gehn die Herren 2 und 3 zwischen den Damen 2 und 3 hindurch, wenden sich rechts um, treten von hinten wieder in die Reihe und Rücken zu Herrn 1 wieder auf.

IV

1-8 **Siding links** mit dem Partner.

9-16 **Siding rechts** mit dem Partner.

IIa

wie zuvor

Tipp: Alternativ ist es möglich, diesen Tanz mit Fortschritt und mehreren Durchgängen zu tanzen. In diesem Fall wird bei der Wiederholung von IIa am Ende der letzte Teil verändert zu:

1-4 Herr 1 tritt in die Mitte der Reihe.

5-12 Herr 1 tanz eine halbe Handtour links mit Dame 2 und eine Handtour rechts mit Dame 1.

13-16 Paar 1 wendet ans Ende der Reihe aus und die Paare 2 und 3 rücken je einen Platz auf

In jedem zweiten Durchgang werden dann IIa und IIb getauscht, sodass mal die Damen, mal die Herren zwei Refrains tanzen.

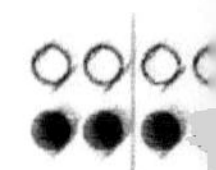

Duke of Kent's Waltz

Reihentanz
Ungerader Takt

Tanzbeschreibung

Die Tanzenden bilden eine Reihe. Der Blick ist zu Beginn in die Karreemitte gerichtet.
Der Tanz wird in Karrees getanzt. Achtung, an einer Stelle wird über die Grenze des Karrees hinaus interagiert.

1-12 Alle tanzen eine **Mühle links herum**.
1-12 Alle tanzen eine **Mühle rechts herum**.

1-12 Paar 1 schreitet im Takt durch Paar 2 hindurch die Reihe herauf.
1-6 Paar 1 schreitet zügiger auf seinen Platz zurück.
7-12 Paar 1 **wendet aus**, Paar 2 schließt auf dessen Platz auf.

Die Partner reichen einander die rechten Hände.
1-3 Ein Schritt aufeinander zu.
4-6 Ein Schritt voneinander weg.
7-12 **Platzwechsel**, wobei die Dame unter dem Arm des Herrn hindurchdreht.

Die Partner reichen einander die linken Hände.
1-3 Ein Schritt aufeinander zu.
4-6 Ein Schritt voneinander weg.
7-12 **Platzwechsel**, wobei die Dame unter dem Arm des Herrn hindurchdreht.

Forts.

1-12 Jeder tanzt mit der Person *diagonal rechts* von sich eine **Handtour links**.

1-12 Die Paare tanzen miteinander eine **Handtour rechts**.

Es wurde ein Fortschritt erzielt, demnach bilden sich neue Karrees. Der Tanz beginnt erneut.

Tipp: An zwei Stellen durchbricht der *Duke of Kent's Waltz* die üblichen Karreegrenzen.
Wenn Paar 1 während der zweiten Figur die Reihe hinauftanzt, ist es durchaus denkbar, dass sie dabei in den „Bereich“ des nächsten Karrees kommen, das ist aber in Ordnung.
Und bei der Handtour diagonal rechts am Ende ergibt es sich zwangsläufig, dass auch mit Personen aus den jeweils nächsten Karrees getanzt wird.
Auch das ist in Ordnung.
An den eigentlichen Regeln – Fortschritt, Karree-Neubildung etc. – ändert all dies nichts.

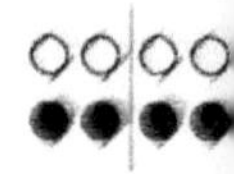

Emperor of the Moon

Reihentanz
Gerader Takt

Tanzbeschreibung

Die Tanzenden bilden eine Reihe. Der Blick ist zu Beginn zum Partner gerichtet.
Der Tanz wird in Karrees getanzt.

1-8 Alle tanzen ein **Set and Turn links**
1-4 Alle tanzen ein **Meet**.
5-8 Alle tanzen ein **Set** rechts.

1-8 Paar 1 **wendet aus**, Paar 2 kreuzt ab dem 5. Schlag auf die Plätze von Paar 1.
1-8 Herr 1 tanzt mit Dame 2, Herr 2 mit Dame 1 eine **Ronde**. Paar 1 kommt dabei von außen und setzt diese Bewegung in die Reihenmitte bei der Ronde dann auch fort. In der zweiten Hälfte der Ronde kreuzt Paar 2 wieder und tritt so zurück auf „seine Seite".

Es wurde ein Fortschritt erzielt, demnach bilden sich neue Karrees.
Der Tanz beginnt erneut.

Four Pence Half-Penny Farthing
(Auch als „The Jockey“ bekannt)

Reihentanz
Gerader Takt

Tanzbeschreibung

Die Tanzenden bilden eine Reihe. Der Blick ist zu Beginn zum Partner gerichtet.
Der Tanz wird in Karrees getanzt.

I

1-8 Herr 1 und Dame 2 tanzen **Setting Steps** zueinander und gehen ein **Double** rückwärts zu ihrem Platz.
1-8 Herr 1 und Dame 2 tanzen miteinander eine **Ronde**.
1-8 Herr 2 und Dame 1 tanzen **Setting Steps** zueinander und gehen ein **Double** rückwärts zu ihrem Platz.
1-8 Herr 2 und Dame 1 tanzen miteinander eine **Ronde**.

II

1-4 Herr 1 und Dame 2 tanzen einen **Platzwechsel**.
5-8 Herr 2 und Dame 1 tanzen einen **Platzwechsel**.
1-8 Paar 1 tanzt eine **Half-Figure Eight**.
1-8 Paar 2 tanzt eine **Half-Figure Eight**.
1-8 Jedes Paar tanzt eine **Ronde** mit dem eigenen Partner.

Es wurde ein Fortschritt erzielt, demnach bilden sich neue Karrees.
Der Tanz beginnt erneut.

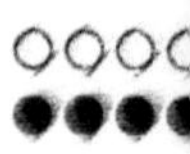

Gallopede

Reihentanz
Gerader Takt

Tanzbeschreibung

Die Tanzenden bilden eine Reihe. Der Blick ist zu Beginn zum Partner gerichtet.
Der Tanz kann zwar theoretisch mit beliebig vielen Paaren getanzt werden, die letzte Figur wird dabei dann aber irgendwann sehr hektisch und nicht mehr wirklich zu schaffen. Wie viele Paare möglich sind, hängt dabei vom Tempo der verwendeten Musik ab.

1-8 Herr und Dame reichen sich die rechten Hände und hüpfen links herum einmal im Kreis.
1-8 Herr und Dame reichen sich die linken Hände und hüpfen rechts herum einmal im Kreis.
1-8 Herr und Dame reichen sich beide Hände und hüpfen links herum einmal im Kreis.
1-8 Herr und Dame tanzen miteinander ein **Dos-a-Dos**.

1-4 Das vorderste Paar fasst sich an beiden Händen und hüpft die Reihe drei Sprünge herab.
5-8 Das vorderste Paar hüpft mit drei Sprüngen wieder an den Ausgangspunkt.
1-8 Das vorderste Paar wendet scharf nach außen aus und geht an der Reihe vorbei an das hintere Ende der Reihe. Die restliche Reihe schließt sich in einer Polonaise an.
1-8 Das vorderste Paar bildet mit beiden Armen ein **Törchen** und alle anderen gehen in Paaren hindurch. Das zuvor zweitvordere Paar rückt bis vorne auf, das Törchen ordnet sich hinten wieder in die Reihe ein.

Der Tanz beginnt erneut.

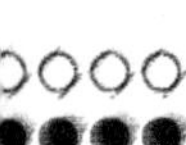

Gallopede
(nach einem französischen Volkstanz)

Reihentanz
Gerader Takt

Tanzbeschreibung

Die Tanzenden bilden eine Reihe. Die Tanzenden stehen seitlich, den rechten Fuß voran, etwas weiter entfernt als sonst üblich. Der Blick geht zum Partner.

1-4 Jeder Tanzende macht ein kleines **Chassé rechts** in die Mitte, wendet auf dem vorderen Fuß und macht ein kleines **Chassé links** zur Mitte hin, sodass am Ende alle Tänzer in einer Linie in der Mitte stehen und jedes Paar Rücken an Rücken steht.

5-8 Jeder Tanzende macht ein kleines **Chassé rechts** aus der Mitte heraus, wendet auf dem vorderen Fuß und macht ein kleines **Chassé rechts** zurück auf seine Ausgangsposition.

1-8 Diese Figur wird noch einmal wiederholt.

1-8 Ein **Platzwechsel** mit dem Partner.

1-8 Erneut ein **Patzwechsel** mit dem Partner.

1-2 Die Paare machen zwei Schritte in die Mitte und treffen sich dort. Sie fassen sich entweder an beiden Händen oder in engerer Fassung.

3-14 Die Paare drehen sich beschwingt auf der Stelle

15-16 Herr und Dame entfernen sich mit zwei Schritten wieder voneinander.

1-16 Das hinterste Paar geht wieder zur Mitte, fasst sich an beiden Händen und hüpft die Reihe herauf, um sich vorne wieder einzuordnen. Die gesamte Reihe rückt dabei im Takt der Musik nach hinten auf. Auch das zweithinterste und dritthinterste Paar treten nacheinander in die Mitte, fassen sich an beiden Händen, hüpfen die Reihe herauf und ordnen sich vorne wieder ein.

Der Tanz beginnt erneut.

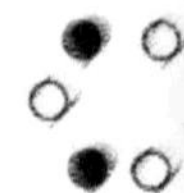

Gathering Peascots

Kreistanz zu je drei Paaren
Gerader Takt

Tanzbeschreibung

Die Tanzenden bilden einen Kreis. Der Blick ist zu Beginn zur Mitte gerichtet. Der Tanz wird zu je drei Paaren getanzt.

I

1-8 Gemeinsam gehen die Tanzenden acht Schritte links herum im Kreis.

9-12 Jeder **dreht um seine linke Schulter**.

1-8 Gemeinsam gehen die Tanzenden acht Schritte rechts herum im Kreis.

9-12 Jeder **dreht um seine rechte Schulter**.

IIa

1-12 Die Herren treten in die Kreismitte, gehen einmal vollständig links herum im Kreis und **wenden über die linke Schulter aus**.

1-12 Die Damen treten in die Kreismitte, gehen einmal vollständig rechts herum im Kreis und **wenden über die rechte Schulter aus**.

1-4 Die Herren treten in die Mitte und klatschen.

5-8 Während die Herren rückwärts zurückgehen, treten die Damen in die Mitte und klatschen.

9-12 Während die Damen rückwärts zurückgehen, treten die Herren in die Mitte und klatschen.

13-16 Die Herren **wenden über die linke Schulter aus**.

Forts.

1-4 Die Damen treten in die Mitte und klatschen.
5-8 Während die Damen rückwärts zurückgehen, treten die Herren in die Mitte und klatschen.
9-12 Während die Herren rückwärts zurückgehen, treten die Damen in die Mitte und klatschen.
13-16 Die Damen wenden über die rechts Schulter aus.

III
1-8 **Siding links** mit dem Partner.
9-12 Jeder **dreht um seine linke Schulter**.
1-8 **Siding rechts** mit dem Partner.
9-12 Jeder **dreht um seine rechte Schulter**.

IIb
1-12 Die Damen treten in die Kreismitte, gehen einmal vollständig links herum im Kreis und **wenden über die linke Schulter aus**.
1-12 Die Herren treten in die Kreismitte, gehen einmal vollständig rechts herum im Kreis und **wenden über die rechte Schulter aus**.

1-4 Die Damen treten in die Mitte und klatschen.
5-8 Während die Damen rückwärts zurückgehen, treten die Herren in die Mitte und klatschen.
9-12 Während die Herren rückwärts zurückgehen, treten die Damen in die Mitte und klatschen.
13-16 Die Damen **wenden über die rechte Schulter aus**.

1-4 Die Herren treten in die Mitte und klatschen.
5-8 Während die Herren rückwärts zurückgehen, treten die Damen in die Mitte und klatschen.
9-12 Während die Damen rückwärts zurückgehen, treten die Herren in die Mitte und klatschen.
13-16 Die Herren **wenden über die linke Schulter aus**.

Forts.

IV

1-8 **Handtour links** mit dem Partner.
9-12 Jeder **dreht um seine linke Schulter**.
1-8 **Handtour rechts** mit dem Partner.
9-12 Jeder **dreht um seine rechte Schulter**.

IIa

1-12 Die Herren treten in die Kreismitte, gehen einmal vollständig links herum im Kreis und **wenden über die linke Schulter aus**.
1-12 Die Damen treten in die Kreismitte, gehen einmal vollständig rechts herum im Kreis und **wenden über die rechte Schulter aus**.

1-4 Die Herren treten in die Mitte und klatschen.
5-8 Während die Herren rückwärts zurückgehen, treten die Damen in die Mitte und klatschen.
9-12 Während die Damen rückwärts zurückgehen, treten die Herren in die Mitte und klatschen.
13-16 Die Herren **wenden über die linke Schulter aus**.

1-4 Die Damen treten in die Mitte und klatschen.
5-8 Während die Damen rückwärts zurückgehen, treten die Herren in die Mitte und klatschen.
9-12 Während die Herren rückwärts zurückgehen, treten die Damen in die Mitte und klatschen.
13-16 Die Damen **wenden über die rechte Schulter aus**.

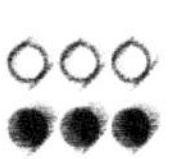

Grimstock

Reihentanz zu je drei Paaren
Gerader Takt

Tanzbeschreibung

Die Tanzenden bilden eine Reihe. Der Blick ist zu Beginn nach vorne gerichtet. Der Tanz wird zu je drei Paaren getanzt.

I

1-8 Alle tanzen ein **Lead up and down**.
1-8 Alle tanzen ein **Set and Turn links.**
1-8 Alle tanzen ein **Lead up and down**.
1-8 Alle tanzen ein **Set and Turn rechts.**

II

1-16 Die Herren tanzen auf der Linie ein **Hey**.
Die Damen tanzen auf der Linie ein **Hey**.
Herr 1 und Dame 1 starten dabei jeweils zur Reihenmitte hin.

III

1-8 Alle tanzen ein **Siding links** mit ihrem Partner.
1-8 Alle tanzen ein **Set and Turn links.**
1-8 Alle tanzen ein **Siding rechts** mit ihrem Partner.
1-8 Alle tanzen ein **Set and Turn rechts.**

IV

1-16 Wie in II wird ein **Hey** getanzt.
Diesmal aber fassen sich die Paare, die jeweils gerade außen gehen, an den zur Reihe inneren Händen und bilden **Törchen**, durch die die anderen Paare jeweils gehen.

Forts.

V

1-8 Alle tanzen ein **Handtour links** mit ihrem Partner.
1-8 Alle tanzen ein **Set and Turn links.**
1-8 Alle tanzen ein **Handtour rechts** mit ihrem Partner.
1-8 Alle tanzen ein **Set and Turn rechts.**

VI

1-16 Erneut wird wie in II ein **Hey** getanzt.
Diesmal **kreuzt** Paar 1 allerdings jeweils, wenn sie Paar 2 passieren.
Die Paare 2 und 3 kreuzen nicht.
Es werden, anders als bei IV, keine Törchen mehr gebildet.

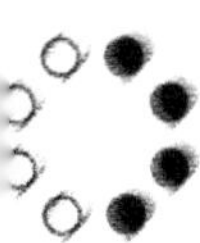

Gypsy Girl's Headscarf

Kreistanz, der zwischendrin zur Reihe wird
Gerader Takt

Tanzbeschreibung

Die Tänzer stehen in einem durchgefassten Kreis, wobei die eine Hälfte aus allen Damen, die andere Hälfte aus den Herren besteht.
Es gibt ein definiertes Kopfende und ein Fußende, an dem Damen und Herren aneinandergrenzen.

1-8 Alle hüpfen gemeinsam links herum im Kreis
1-8 Alle hüpfen gemeinsam rechts herum im Kreis.

Die Dame und der Herr am Kopfende lassen sich los, der Rest bleibt durchgefasst.
1-16 Der vorderste und zweitvorderste Herr heben ihre gefassten Hände und bilden so ein **Törchen**. Ohne sich loszulassen laufen alle Tänzer dort hindurch und bilden im Anschluss wieder einen Kreis.
1-16 Die vorderste und zweitvorderste Dame heben ihre gefassten Hände und bilden so ein **Törchen**. Wieder laufen alle Tänzer dort hindurch. Allerdings bilden sie danach keinen Kreis, sondern eine **Reihe**, so dass die Herren auf einer, die Damen auf der anderen Seite stehen.

1-4 Das Paar vorne am Kopfende der Reihe fasst sich an beiden Händen und hüpft die gesamte Reihe hinauf.
5-8 Das Paar ganz am Fußende der Reihe legt dem hüpfenden Paar je die Hände auf die Schultern und zu viert hüpfen sie wieder nach vorne. Dort reiht sich das zuvor hinterste Paar ganz vorne ein.

1-8 Die Tanzenden formen gemeinsam wieder einen Kreis.

Der Tanz beginnt erneut.

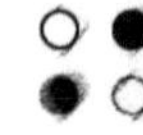

Heart‘s Ease

Ein Tanz für zwei Paare
Gerader Takt

Tanzbeschreibung

Die beiden Paare stellen sich gegenüber voneinander auf.

I

1-8 Die beiden Paare tanzen zueinander ein **Meet and Fallback.**
1-8 Dies wird wiederholt.

II

1-8 **Fallback and Meet** mit dem Kontrapartner.
1-8 **Einhandkreis** mit dem Kontrapartner.
1-8 **Fallback and Meet** mit dem Partner.
1-8 **Einhandkreis** mit dem Partner.

III

1-8 **Siding links** mit dem Partner.
1-8 **Siding rechts** mit dem Kontrapartner.

II

Wie zuvor.

IV

1-8 **Handtour links** mit dem Partner. (Oft als „Armtour")
1-8 **Handout rechts** mit dem Kontrapartner. (Oft als „Armtour")

II

Wie zuvor.

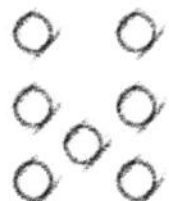

Heptathlon Jig

Ein Tanz für sieben Tänzer
Gerader Takt

Tanzbeschreibung

Sechs der Tanzenden bilden eine Reihe, mit etwa doppelt so viel Abstand zwischen beiden Seiten wie üblich. Die siebte Person stellt sich in die Mitte, zwischend die vordersten vier Personen.
In diesem Tanz wird nicht zwischen Herren und Damen unterschieden.
Die Person in der Mitte ist Tänzer 1, die anderen sind im Uhrzeigersinn Tänzer 2 bis 7.

1-8 Tänzer 1 tanzt mit den Tänzern 2 und 3 eine **Mühle links** herum.
1-8 Tänzer 1 tanzt mit den Tänzern 6 und 7 eine **Mühle rechts** herum.
1-8 Tänzer 1 tanzt mit den Tänzern 3 und 4 eine **Mühle links** herum.
1-8 Tänzer 1 tanzt mit den Tänzern 5 und 6 eine **Mühle rechts** herum.
Am Ende der letzten Mühle kommt Tänzer 1 genau in der Mitte zwischen den Tänzern 3 und 6 aus.

1-16 Tänzer 1 tanz mit den Tänzern 3 und 6 ein **Hey**.

1-8 Tänzer 1 tanz eine **anderthalbfache Handtour links** mit Tänzer 2. Am Ende dieser Figur nimmt nun Tänzer 2 den Platz in der Mitte ein.
1-8 Alle tanzen ein **Set and Turn links**, wobei Tänzer 2 in der Mitte bleibt. Alle anderen wechseln im Uhrzeigersinn einen Platz weiter.

Es wurde ein Fortschritt erzielt, es wird neu durchgezählt.
Der Tanz beginnt erneut.

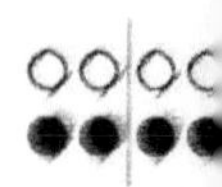

Hey Boys Up Go We

Reihentanz
Gerader Takt

Tanzbeschreibung

Die Tanzenden bilden eine Reihe. Der Blick ist zu Beginn zum Partner gerichtet.
Der Tanz wird in Karrees getanzt.

1-8 Paar 1 tanzt mit Dame 2 eine **Ronde**.
1-8 Paar 1 tanzt mit Herr 2 eine **Ronde**.
1-8 Herren und Damen tanzen ein **Fallback and Meet**.
1-8 **Dos-a-Dos** mit dem Partner.
1-4 Paar 1 klatscht: in die eigenen Hände, dann mit der rechten Hand beim Partner, wieder in die eigenen Hände, dann mit der linken Hand beim Partner.
5-8 Paar 1 **wendet aus** und Paar 2 schließt auf.
1-4 Die Herren im Karree klatschen: in die eigenen Hände, dann mit der rechten Hand beim Partner, wieder in die eigenen Hände, dann mit der linken Hand beim Partner.
5-8 Die Damen im Karree klatschen: zwei Mal in die eigenen Hände, zwei Mal mit beiden Händen die Hände der anderen Dame.

Es wurde ein Fortschritt erzielt, demnach bilden sich neue Karrees.
Der Tanz beginnt erneut.

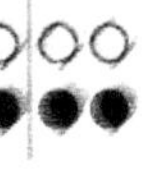

Hole in the Wall

Reihentanz
Ungerader Takt

Tanzbeschreibung

Die Tanzenden bilden eine Reihe. Der Blick ist zu Beginn zum Partner gerichtet.
Der Tanz wird in Karrees getanzt.

1-12 Paar 1 **wendet aus**, umrundet Paar 2, fasst sich dort an den Händen und kehrt zwischen Paar 2 hindurch auf seinen Platz zurück.
1-12 Paar 2 **wendet aus**, umrundet Paar 1, fasst sich dort an den Händen und kehrt zwischen Paar 2 hindurch auf seinen Platz zurück.

1-6 Herr 1 und Dame 2 tanzen einen **Platzwechsel**.
1-6 Herr 2 und Dame 1 tanzen einen **Platzwechsel**.

1-6 Das Karree tanzt eine **halbe große Ronde**.
1-6 Paar 1 **wendet aus**, Paar 2 schließt auf dessen Platz auf.

Es wurde ein Fortschritt erzielt, demnach bilden sich neue Karrees.
Der Tanz beginnt erneut.

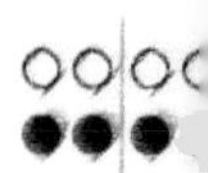

Hunt the Squirrel

Reihentanz
Gerader Takt

Tanzbeschreibung

Die Tanzenden bilden eine Reihe. Der Blick ist zu Beginn zum Partner gerichtet.
Der Tanz wird in Karrees getanzt.

1-8 Paar 1 geht durch Paar 2 hindurch, um die beiden herum (der Herr 1 um Herrn 2, Dame 1 um Dame 2) und zurück auf den Platz, an dem sie begonnen haben.
1-8 Die Herren gehen zwischen den Damen hindurch, um diese herum und zurück auf ihren Platz.
1-8 Paar 2 geht durch Paar 1 hindurch, umrundet die beiden und kehrt auf seinen Platz zurück.
1-8 Die Damen gehen zwischen den Herren hindurch, um diese herum und zurück auf ihren Platz.

1-8 Herr 1 und Dame 2 tanzen **Setting Steps** zueinander und **drehen über die linke Schulter** zurück auf ihren Platz.
1-8 Herr 2 und Dame 1 tanzen **Setting Steps** zueinander und **drehen über die linke Schulter** zurück auf ihren Platz.
1-4 Das Karree tanzt eine **halbe große Ronde**.
5-8 Alle tanzen ein **Fallback**.
1-4 Die Tanzpartner tanzen **Setting Steps** aufeinander zu.
5-8 Jedes Paar beschließt den Durchgang mit einer **halben Ronde**.

Es wurde ein Fortschritt erzielt, demnach bilden sich neue Karrees.
Der Tanz beginnt erneut.

I Care Not For These Ladies

Kreistanz
Gerader Takt

Tanzbeschreibungen

Die Tanzenden stehen in einem durchgefassten Kreis.

I

1-8	Fröhliche **Chassés** links herum im Kreis.
9-16	Fröhliche **Chassés** rechts herum im Kreis.
1-8	Alle tanzen ein **Set and Turn links**.

II

1-4	Die Tanzpartner reichen sich die rechte Hand und gehen aneinander vorbei.
5-8	Nun reichen sie der *nächsten* Person die linke Hand und gehen aneinander vorbei.
1-8	Mit erneut der *nächsten* Person tanzen sie eine **Ronde**.

Diese Person ist im nächsten Teil ihr Tanzpartner.

III

1-8	Die Tanzpartner tanzen ein **Siding links**.
9-16	Die Tanzpartner tanzen ein **Siding rechts**.
1-8	Alle tanzen ein **Set and Turn links**.

Forts.

II

1-4 Die Tanzpartner reichen sich die rechten Hände und gehen aneinander vorbei.

5-8 Nun reichen sie der *nächsten* Person die linken Hände und gehen aneinander vorbei.

1-8 Erneut mit der *nächsten* Person tanzen sie eine **Ronde**.

Diese Person ist im nächsten Teil ihr Tanzpartner.

IV

1-8 Die Tanzpartner haken ihre rechten Arme unter und hüpfen links herum im Kreis.

9-16 Die Tanzpartner haken ihre linken Arme unter und hüpfen rechts herum im Kreis.

1-8 Alle tanzen ein **Set and Turn links**.

II

1-4 Die Tanzpartner reichen sich die rechten Hände und gehen aneinander vorbei.

5-8 Nun reichen sie der *nächsten* Person die linken Hände und gehen aneinander vorbei.

1-8 Erneut mit der *nächsten* Person tanzen sie eine **Ronde**.

Diese Person ist im nächsten Teil ihr Tanzpartner.
Der Tanz beginnt erneut.

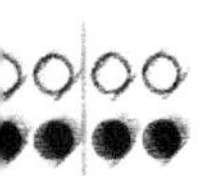

Indian Queen

Reihentanz
Gerader Takt

Tanzbeschreibung

Die Tanzenden bilden eine Reihe. Der Blick ist zu Beginn zueinander gerichtet. Der Tanz wird in Karrees getanzt.

I

1-4 Herr 1 und Dame 2 tanzen ein **Set and Turn links**.

5-8 Herr 1 und Dame 2 reichen einander die rechten Hände und gehen miteinander links herum einmal im Kreis.

1-4 Herr 2 und Dame 1 tanzen ein **Set and Turn links**.

5-8 Herr 2 und Dame 1 reichen einander die rechten Hände und gehen miteinander links herum einmal im Kreis.

II

1-8 Herr 1 und Dame 2 greifen über die Fassung der anderen beiden hinweg und alle vier tanzen miteinander eine **Mühle**.

1-8 Alle Tanzenden drehen sich um 180° und tanzen die **Mühle** zu ihrem Platz zurück.

III

1-8 Die Paare tanzen ein **Dos-a-Dos**.

1-8 Das Karree tanzt miteinander eine **Kette**.

Es wurde ein Fortschritt erzielt, demnach bilden sich neue Karrees. Der Tanz beginnt erneut.

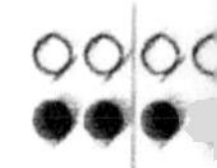

Jamaica

(Auch „Jamaico“, „Jameko“, „Slow Man of London“, „The Jovial Broom Man“ und „A Kent’s soldier’s exact relation of all his travels in every nation“)

Reihentanz
Gerader Takt

Tanzbeschreibung

Die Tanzenden bilden eine Reihe. Der Blick ist zu Beginn zum Partner gerichtet. Der Tanz wird in Karrees getanzt.
Achtung: *Der Tanz besitzt zwei Fortschritte.*

I

1-4	Herr 1 und Dame 1 reichen sich zunächst die rechte und darüber die linke Hand.
5-8	Herr 1 und Dame 1 tanzen miteinander eine **halbe Ronde** und lösen die Fassung.
1-4	Herr 1 und Dame 2 sowie Dame 1 und Herr 2 reichen sich zunächst die rechte und darüber die linke Hand.
5-8	Herr und Herr 2 sowie Dame 1 und Dame 2 tanzen je miteinander eine **halbe Ronde** und lösen die Fassung.
1-16	Paar 1 tanzt eine **Figure Eight** um Paar 2 und beschließt diese mit einer **halben Ronde**.

Achtung: *Es wurde ein Fortschritt erzielt, demnach bilden sich neue Karrees.*

Forts.

II

1-8 Herr 1 und Dame 2 tanzen miteinander eine **Handtour**.

1-8 Herr 2 und Dame 1 tanzen miteinander eine **Handtour**.

1-8 Die Herren sowie die Damen greifen sich je an beiden Händen und hüpfen beschwingt anderthalb Mal auf der Linie umeinander.

1-8 **Dos-a-Dos** mit dem Partner.

Es wurde ein Fortschritt erzielt, demnach bilden sich neue Karrees. Der Tanz beginnt erneut.

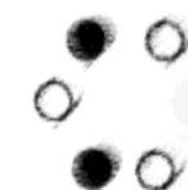

Jenny Pluck Pears

Kreistanz zu je drei Paaren
Gerader Takt

Tanzbeschreibung

Die Tanzenden bilden einen Kreis. Der Blick ist zu Beginn zur Mitte gerichtet. Der Tanz wird zu je drei Paaren getanzt.

I

1-8 Gemeinsam gehen die Tanzenden acht Schritte links herum im Kreis.
9-16 Jeder tanzt ein **Set and Turn links**.
1-8 Gemeinsam gehen die Tanzenden acht Schritte rechts herum im Kreis.
9-16 Jeder tanzt ein **Set and Turn rechts**.

IIa

1-4 Herr 1 dreht seine Dame mit der rechten Hand in die Kreismitte.
5-8 Herr 2 dreht seine Dame mit der rechten Hand in die Kreismitte.
9-12 Herr 3 dreht seine Dame mit der rechten Hand in die Kreismitte.
13-16 Alle tanzen eine **Révérence**.

1-8 Die Herren gehen acht Schritte links um die Damen herum.
9-16 Die Herren tanzen ein **Set and Turn links.**
1-8 Die Herren gehen acht Schritte rechts um die Damen herum.
9-16 Die Herren tanzen ein **Set and Turn rechts.**

Forts.

1-4 Herr 1 dreht seine Dame mit der rechten Hand aus der Kreismitte.
5-8 Herr 2 dreht seine Dame mit der rechten Hand aus der Kreismitte.
9-12 Herr 3 dreht seine Dame mit der rechten Hand aus der Kreismitte.
13-16 Alle tanzen eine **Révérence**.

III
1-8 **Siding links** mit dem Partner.
1-8 Jeder tanzt ein **Set and Turn links**.
1-8 **Siding rechts** mit dem Partner.
1-8 Jeder tanzt ein **Set and Turn rechts**.

IIb
1-4 Dame 1 dreht ihren Herren mit der linken Hand in die Kreismitte.
5-8 Dame 2 dreht ihren Herren mit der linken Hand in die Kreismitte.
9-12 Dame 3 dreht ihren Herren mit der linken Hand in die Kreismitte.
13-16 Alle tanzen eine **Révérence**.

1-8 Die Damen gehen acht Schritte links um die Herren herum.
9-16 Die Damen tanzen ein **Set and Turn links.**
1-8 Die Damen gehen acht Schritte rechts um die Herren herum.
9-16 Die Damen tanzen ein **Set and Turn rechts.**
1-4 Dame 1 dreht ihren Herren mit der linken Hand aus der Kreismitte.
5-8 Dame 2 dreht ihren Herren mit der linken Hand aus der Kreismitte.
9-12 Dame 3 dreht ihren Herren mit der linken Hand aus der Kreismitte.
13-16 Alle tanzen eine **Révérence**.

Forts.

IV

1-8 **Handtour links** mit dem Partner.
1-8 Jeder tanzt ein **Set and Turn links**.
1-8 **Handtour rechts** mit dem Partner.
1-8 Jeder tanzt ein **Set and Turn rechts**.

IIa

1-4 Herr 1 dreht seine Dame mit der rechten Hand in die Kreismitte.
5-8 Herr 2 dreht seine Dame mit der rechten Hand in die Kreismitte.
9-12 Herr 3 dreht seine Dame mit der rechten Hand in die Kreismitte.
13-16 Alle tanzen eine **Révérence**.

1-8 Die Herren gehen acht Schritte links um die Damen herum.
9-16 Die Herren tanzen ein **Set and Turn links.**
1-8 Die Herren gehen acht Schritte rechts um die Damen herum.
9-16 Die Herren tanzen ein **Set and Turn rechts.**
1-4 Herr 1 dreht seine Dame mit der rechten Hand aus der Kreismitte.
5-8 Herr 2 dreht seine Dame mit der rechten Hand aus der Kreismitte.
9-12 Herr 3 dreht seine Dame mit der rechten Hand aus der Kreismitte.
13-16 Alle tanzen eine **Révérence**.

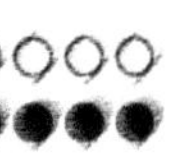

Korobuschka

Reihentanz
Gerader Takt

Tanzbeschreibung

Die Tanzenden bilden eine Reihe. Herr und Dame fassen sich über Kreuz an beiden Händen und richten sich nach vorne aus.

1-8 Alle tanzen ein **Lead up and down**.

1-8 Das **Lead up and down** wird wiederholt.

1-8 Zueinander gedreht hüpfen Herr und Dame aufeinander zu, voneinander weg, erneut aufeinander zu und voneinander weg.

1-4 Herr und Dame tanzen eine **halbe Ronde** und lösen ihre Fassung.

5-8 Die Herren und Damen klatschen drei Mal, stampfen drei Mal oder machen beides zugleich. (Nach eigenem Gusto.)

1-4 Die Tanzenden machen je mit dem linken Fuß einen Schritt auf der Linie, kreuzen davor mit dem rechten Bein und machen mit links einen weiteren Schritt. Abschließend „treten“ sie mit dem rechten Fuß nach links.

5-8 Die Tanzenden machen je mit dem rechten Fuß einen Schritt auf der Linie, kreuzen davor mit dem linken Bein und machen mit rechts einen weiteren Schritt. Abschließend „treten“ sie mit dem linken Fuß nach rechts.

1-4 Herr und Dame hüpfen aufeinander zu, fassen sich dabei wieder über Kreuz und hüpfen danach wieder zurück.

5-8 Herr und Dame tanzen miteinander eine **halbe Ronde** und richten sich anschließend wieder nach vorne aus.

Der Tanz beginnt erneut.

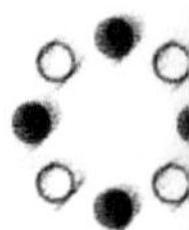

Kreisfolia

Kreistanz
Ungerader Takt

Tanzbeschreibungen

Die Tanzenden stehen in einem durchgefassten Kreis.

1-3 Schritt nach rechts und mit dem linken Fuß zwei Mal tippen.
4-6 Schritt nach links und mit dem rechten Fuß zwei Mal tippen.

1 Schritt nach vorne mit dem rechten Fuß.
2 Schritt zur Seite mit dem linken Fuß.
3 Den rechten Fuß an den linken Fuß heranziehen und absetzen.

4 Schritt zurück mit dem linken Fuß.
5 Schritt zur Seite mit dem rechten Fuß.
6 Das linke Bein kreuzt hinter dem rechten Bein.

Tipp: Aus der gekreuzten Beinhaltung folgt dann wieder ein Schritt nach rechts. Dies ist dann zugleich wieder der erste Schritte des nächsten Durchgangs, also wieder die 1 der ersten Schrittfolge.
Das führt gerade bei Anfängern manchmal etwas zu Verwirrung, weil das Gefühl besteht, man müsse vor dem Neuanfang die Figur doch noch aus der gekreuzten Position heraus „beenden“, doch das erfolgt einfach durch den Fortgang des Tanzes.

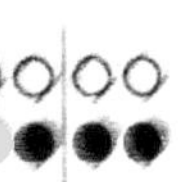

La Belle Hollandoise
(Auch „La Belle Hollandaise“)

Reihentanz
Gerader Takt

Tanzbeschreibung

Die Tanzenden bilden eine Reihe. Der Blick ist zu Beginn zum Partner gerichtet. Der Tanz wird in Karrees getanzt.

1-8	Die Paare tanzen ein **Dos-a-dos**.
1-8	Die Paare tanzen eine **Ronde**.
1-8	Auf der Linie tanzen die Herren sowie die Damen je ein **Dos-a-dos**.
1-8	Auf der Linie tanzen die Herren sowie die Damen je eine **Ronde**.
1-4	Herr 1 und Dame 1 **passieren einander**.
5-8	Paar 1 setzt den Weg nach außen fort, umrundet jeweils den Gegenpartner und reiht sich zwischen Paar 2 zu einer Viererkette eine.
1-8	Alle tanzen gemeinsam ein **Lead up and down**.
1-4	Paar 1 kreuzt nach vorne aus der Viererkette heraus.
5-8	Paar 1 **wendet** aus dieser Bewegung heraus **aus**, Paar 2 schließt auf.
1-8	Alle tanzen miteinander eine **große Ronde**.

Es wurde ein Fortschritt erzielt, demnach bilden sich neue Karrees. Der Tanz beginnt erneut.

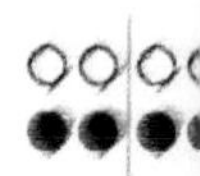

Mad Robin

Reihentanz
Gerader Takt

Tanzbeschreibung

Die Tanzenden bilden eine Reihe. Der Blick ist zu Beginn zum Partner gerichtet. Der Tanz wird in Karrees getanzt.

I

1-8 Herr 1 und Dame 2 tanzen miteinander eine **Handtour rechts** herum.

1-8 Herr 1 und Dame 1 tanzen miteinander eine **Handtour links** herum.
Am Ende dieser Handout **wendet Herr 1 aus**, Herr 2 rückt auf seinen Platz.

1-8 Herr 1 und Dame 1 tanzen miteinander eine **Handtour rechts** herum.

1-8 Herr 2 und Dame 1 tanzen miteinander eine **Handtour links** herum.
Am Ende dieser Handout **wendet Dame 1 aus**, Dame 2 rückt auf ihren Platz.

Forts.

II

1-8 Paar 1 umrundet – jeder für sich – im Uhrzeigersinn Paar 2.
Herr 1 geht also über außen um Herr 2.
Dame 1 geht über innen um Dame 2.
Der Blick der beiden ist dabei stets zueinander gerichtet.

1-8 Paar 1 tanzt eine **Ronde**.

1-8 Paar 2 umrundet – jeder für sich – im Uhrzeigersinn Paar 1.
Herr 2 geht also über innen um Herr 1.
Dame 2 geht über außen um Dame 2.
Der Blick der beiden ist dabei stets zueinander gerichtet.

1-8 Paar 2 tanzt eine **Ronde**.

Es wurde ein Fortschritt erzielt, demnach bilden sich neue Karrees.
Der Tanz beginnt erneut.

Morisque
(Auch als „Mourisque", „Moriske" oder „doppelte Chappelosie" bekannt)

Kreistanz
Gerader Takt

Tanzbeschreibung

Die Tanzenden stehen im Kreis, die Herren innen, die Damen außen. Der Blick folgt der Kreisbahn. Die Dame legt ihre linke Hand in die rechte Hand des Herrn.

Achtung: *Der Tanz an sich ist nicht schwierig. Er bereitet aber erfahrungsgemäß Tänzern, die vor allem die bekanntere Chappeloise gewohnt sind, oft unerwartete Schwierigkeiten.*
Obschon einfach, ist bei diesem Tanz daher zu großer Konzentration geraten.

1-8 Beginnend mit den äußeren Füßen gehen Herr und Dame miteinander acht Schritte auf der Kreisbahn. Zwischen dem vierten und fünften Schritt drehen sich beide innen herum um 180°, gehen dann gemeinsam die restlichen Schritte rückwärts.
1-8 Beginnend mit den äußeren Füßen gehen Herr und Dame miteinander acht Schritte zurück. Wieder wird sich zwischen dem vierten und fünften Schritt innen herum um 180° gedreht und der Rest rückwärts gegangen.

1-16 Dieser komplette Teil wiederholt sich.

1-2 Herr und Dame hüpfen aufeinander zu.
3-4 Herr und Dame hüpfen voneinander weg.
5-8 Die Dame geht vor dem Herrn her nach innen, der Herr geht nach außen und ergreift nun mit seiner linken Hand die rechte Hand der Dame.

Forts.

1-2 Herr und Dame hüpfen aufeinander zu.
3-4 Herr und Dame hüpfen voneinander weg.
5-8 Die Dame dreht sich unter dem linken Arm des Herren hindurch wechselt den Partner, indem sie zum nachfolgenden Herrn tritt.

1-16 Dieser komplette Teil wiederholt sich.

Dann beginnt der Tanz von vorn.

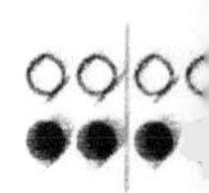

Mulberry Garden

Reihentanz
Gerader Takt

Tanzbeschreibung

Die Tanzenden bilden eine Reihe. Der Blick ist zu Beginn nach vorne gerichtet. Die Paare reichen einander die Hand.
Der Tanz wird in Karrees getanzt.

1-8 Die Paare tanzen ein **Lead up and down**.
1-8 Das **Lead up and down** wird wiederholt.

1-8 Herren und Damen tanzen ein **Fallback and Meet**.
1-8 Die Paare tanzen miteinander eine **Ronde**.

1-8 **Dos-a-dos** mit dem Partner.
1-8 **Dos-a-dos** von Herr 1 und 2 sowie Dame 1 und 2 auf der Linie.

1-4 **Halbe große Ronde** im Karree.
5-8 **Halbe Ronde** nur mit dem Partner.
1-8 Das Karree tanzt eine **Fontäne**.

Es wurde ein Fortschritt erzielt, demnach bilden sich neue Karrees.
Der Tanz beginnt erneut.

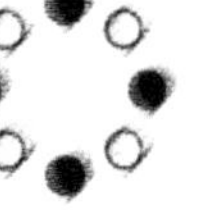

Newcastle Circle

Kreistanz
Gerader Takt

Tanzbeschreibung

Die Tanzenden stehen in einem durchgefassten Kreis.

1-4 Herren und Damen gehen gemeinsam in die Mitte.
5-8 Herren und Damen gehen gemeinsam wieder zurück.
9-16 Alle tanzen ein **Set and Turn links**.

1-4 Herren und Damen gehen gemeinsam in die Mitte.
5-8 Herren und Damen gehen gemeinsam wieder zurück.
9-16 Alle tanzen ein **Set and Turn rechts**.

1-8 Herren und Damen tanzen eine **Handtour links** mit ihrem Tanzpartner.
9-16 Herren und Damen tanzen eine **Handtour rechts** mit der Person auf ihrer jeweils anderen Seite.

1-8 Die Tanzpartner tanzen ein **Dos-a-Dos**.
9-12 Die beiden Tanzpartner **passieren einander** rechtsschultrig und gehen zu der jeweils *nächsten* Person im Kreis.
13-16 Mit dieser Person tanzen sie eine **Ronde**.

Es wurde ein Fortschritt erzielt, die Tänzer bleiben in der neu gefundenen Zusammenstellung. Der Kreis wird wieder durchgefasst und beginnt erneut.

Tipp: Für die letzte Ronde steht weniger Zeit zur Verfügung als es üblicherweise der Fall ist. Wenn beide Tänzer diese Ronde allerdings etwas enger miteinander tanzen als gewöhnlich, ist es problemlos auch in vier Taktschlägen zu tanzen.

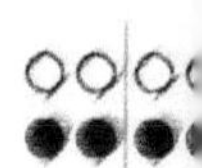

Old Bachelor

Reihentanz
Gerader Takt

Tanzbeschreibung

Die Tanzenden bilden eine Reihe. Die Partner blicken einander an. Der Tanz wird in Karrees getanzt.

1-4 Herr 1 und Dame 1 **passieren einander**.
5-8 Paar 1 setzt den Weg nach außen fort, umrundet jeweils den Gegenpartner und reiht sich zwischen Paar 2 zu einer Viererkette eine.
1-8 Alle tanzen gemeinsam ein **Lead up and down**.
1-8 Herr 1 tanzt ein **Siding** mit Dame 2.
Dame 1 tanzt ein **Siding** mit Herr 2.

1-8 Paar 1 tanzt eine **Ronde**, noch immer zwischen Paar 2.
1-8 Paar 1 beginnen eine **Ronde** gemeinsam mit Dame 2. Ab dem 5. Schlag **wendet Herr 1 aus** und findet findet sich dort ein, wo zu Beginn des Durchgangs Dame 1 gestanden hat. Die Damen beenden gemeinsam die **Ronde**.
1-8 Dame 1 und 2 beginnen eine **Ronde** gemeinsam mit Herr 2. Ab dem 5. Schlag **wendet Herr 2 aus** und findet sich dort ein, wo zu Beginn des Durchgangs Dame 2 gestanden hat. Die Damen setzen die Bewegung fort, bis sie jeweils wieder ihren Herren gegenüberstehen.

1-8 Alle tanzen gemeinsam eine zweistufige **Kette**.

Es wurde ein Fortschritt erzielt, demnach bilden sich neue Karrees. Der Tanz beginnt erneut.

Paarfolia

Paartanz
Ungerader Takt

Tanzbeschreibung

Die Tanzenden stehen sich gegenüber. Die Haltung gleicht der beim Walzer.

Die Schritte für den Herrn

1-3 Schritt nach rechts und mit dem linken Fuß zwei Mal tippen.
4-6 Schritt nach links und mit dem rechten Fuß zwei Mal tippen.

1 Schritt nach vorne mit dem rechten Fuß.
2 Schritt zur Seite mit dem linken Fuß.
3 Den rechten Fuß an den linken Fuß heranziehen und absetzen.

4 Schritt zurück mit dem linken Fuß.
5 Schritt zur Seite mit dem rechten Fuß.
6 Das linke Bein kreuzt hinter dem rechten Bein.

Die Schritte für die Dame

1-3 Schritt nach links und mit dem rechten Fuß zwei Mal tippen.
4-6 Schritt nach rechts und mit dem linken Fuß zwei Mal tippen.

1 Schritt zurück mit dem linken Fuß.
2 Schritt zur Seite mit dem rechten Fuß.
3 Den linken Fuß an den rechten Fuß heranziehen und absetzen.

4 Schritt nach vorne mit dem rechten Fuß.
5 Schritt zur Seite mit dem linken Fuß.
6 Das rechte Bein kreuzt hinter dem linken Bein.

Tipp: Siehe auch den Anfängertipp bei der Kreisfolia in diesem Buch.

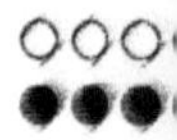

Pavane
Belle qui tiens ma vie

Reihentanz für eine gerade Anzahl Paare
Gerader Takt

Tanzbeschreibung

Die Tanzenden bilden eine Reihe. Der Blick ist zu Beginn nach vorne gerichtet. Die Paare reichen einander die Hand.
Die Tanzenden werden in Paare 1 und 2 untergliedert.

I

1-2 Alle tanzen vorwärts ein **Simple links**.
3-4 Alle tanzen vorwärts ein **Simple rechts**.
5-8 Alle tanzen vorwärts ein **Double links**.

1-2 Alle tanzen rückwärts ein **Simple rechts**.
3-4 Alle tanzen rückwärts ein **Simple links**.
5-8 Alle tanzen rückwärts ein **Double rechts**.

II

1-2 Alle tanzen seitwärts ein **Simple links**.
3-4 Alle tanzen seitwärts ein **Simple rechts**.
5-8 Alle tanzen vorwärts ein **Double links**.

1-2 Alle tanzen seitwärts ein **Simple rechts**.
3-4 Alle tanzen seitwärts ein **Simple links**.
5-8 Alle tanzen rückwärts ein **Double rechts**.

III

1-2 Alle tanzen seitwärts ein **Simple links**.
3-4 Alle tanzen seitwärts ein **Simple rechts**.
5-8 Paar 1 **wendet aus**, Paar 2 schließt auf.

Forts.

1-2 Alle tanzen seitwärts ein **Simple rechts**.
3-4 Alle tanzen seitwärts ein **Simple links**.
5-8 Paar 2 **wendet aus**, Paar 1 schließt auf.

IV

Die Tanzenden drehen sich zueinander.

1-2 Alle tanzen seitwärts ein **Simple links**.
3-4 Alle tanzen seitwärts ein **Simple rechts**.
5-8 Alle tanzen links herum einen **Platzwechsel** mit ihrem Partner.

1-2 Alle tanzen seitwärts ein **Simple rechts**.
3-4 Alle tanzen seitwärts ein **Simple links**.
5-8 Alle tanzen rechts herum einen **Platzwechsel** mit ihrem Partner.

V

Die Tänzer richten sich wieder nach vorne aus.

1-4 Paar 1 tanzt seitwärts zwei **Simple** voneinander weg.
Paar 2 schließt in die entstehende Lücke auf mit einem **Simple links**, **Simple rechts** auf.
5-8 Die Paare bilden jeweils eine Viererkette und tanzen vorwärts ein **Double links**.

1-4 Paar 1 tanz seitwärts zwei **Simple** zueinander hin.
Paar 2 geht derweil weiter vorwärts mit einem **Simple links**, **Simple rechts.**
5-8 Alle tanzen rückwärts ein **Double rechts**.

Forts.

VI

1-4 Paar 2 tanzt seitwärts zwei **Simple** voneinander weg.
Paar 1 schließt in die entstehende Lücke auf mit einem **Simple links**, **Simple rechts** auf.

5-8 Die Paare bilden jeweils eine Viererkette und tanzen vorwärts ein **Double links**.

1-4 Paar 2 tanz seitwärts zwei **Simple** zueinander hin.
Paar 1 geht derweil weiter vorwärts mit einem **Simple links, Simple rechts.**

5-8 Alle tanzen rückwärts ein **Double rechts**.

Pavane de Cercle

Kreistanz
Gerader Takt

Tanzbeschreibung

Die Tanzenden stehen in einem durchgefassten Kreis, je abwechselnd Herr neben Dame.
Die Tanzenden stehen dabei leicht schräg in die Tanzrichtung gedreht.

I

1-8 Alle tanzen ein **Simple links, Simple rechts, Double links**.

1-8 Alle tanzen ein **Simple rechts, Simple links, Double rechts**. Bei dem Double lösen die Tanzenden die Fassung mit allen außer ihrem Partner und der Herr schließt so zu seiner Dame auf, dass sie nun Seite an Seite im Kreis stehen.

II

1-8 Alle tanzen ein **Simple links, Simple rechts, Double links**.

1-8 Alle tanzen ein **Simple rechts, Simple links, Double rechts**. Nach dem Double drehen sich die Tanzenden zueinander hin.

III

1-8 Die Herren tanzen auf der Kreisbahn ein **Simple links, Simple rechts, Double links**, wobei sie mit dem Double den Partner wechseln.

1-8 Die Damen tanzen auf der Kreisbahn ein **Simple links, Simple rechts, Double links**, wobei sie mit dem Double den Partner wechseln.

Forts.

IV

1-4 Die neuen Tanzpartner fassen sich an beiden Händen und tanzen leicht schräg ein **Simple links**, **Simple rechts** aufeinander zu.

5-8 Die beiden drehen sich mit einem **Double links** umeinander.

1-4 Die Tanzpartner tanzen miteinander ein **Simple rechts**, **Simple links**.

5-8 Die Dame dreht sich unter dem linken Arm des Herrn zurück in die Kreisbahn und alle Tänzer fassen untereinander wieder durch.

Der Tanz beginnt erneut.

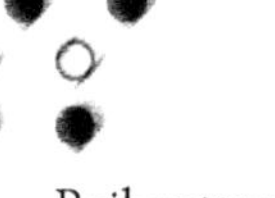

Pavane d'honeur

Reihentanz
Gerader Takt

Tanzbeschreibung

Die Tanzenden bilden eine Reihe. Der Blick ist zu Beginn nach vorne gerichtet. Die Paare reichen einander die Hand.
Die Tanzenden werden in Paare 1 und 2 untergliedert.
Vor Beginn des Tanzes rücken die Paare seitwärts auseinander, indem Paar 1 zwei kleine Schritte nach links, Paar 2 zwei kleine Schritte nach rechts macht.

I

1-2 Alle tanzen schräg vorwärts ein **Simple links**.
3-4 Alle tanzen schräg vorwärts ein **Simple rechts**.
5-6 Alle tanzen schräg vorwärts ein **Simple links**.
7-8 Alle tanzen schräg vorwärts ein **Simple rechts**.

1-2 Alle tanzen schräg rückwärts ein **Simple links**.
3-4 Alle tanzen schräg rückwärts ein **Simple rechts**.
5-6 Alle tanzen schräg rückwärts ein **Simple links**.
7-8 Alle tanzen schräg rückwärts ein **Simple rechts**.

II

1-2 Die Paare 1 gehen seitwärts ein **Simple rechts**, die Paare 2 seitwärts ein **Simple links.**
3-4 Die Paare 1 gehen seitwärts ein **Simple rechts**, die Paare 2 seitwärts ein **Simple links.**
5-6 Die Paare 1 gehen seitwärts ein **Simple rechts**, die Paare 2 seitwärts ein **Simple links.**
7-8 Die Paare 1 gehen seitwärts ein **Simple rechts**, die Paare 2 seitwärts ein **Simple links.**

Forts.

1-2 Die Paare 1 gehen seitwärts ein **Simple links**, die Paare 2 seitwärts ein **Simple rechts.**

3-4 Die Paare 1 gehen seitwärts ein **Simple links**, die Paare 2 seitwärts ein **Simple rechts.**

5-6 Die Paare 1 gehen seitwärts ein **Simple links**, die Paare 2 seitwärts ein **Simple rechts.**

7-8 Die Paare 1 gehen seitwärts ein **Simple links**, die Paare 2 seitwärts ein **Simple rechts.**

III

Der Herr kniet ab.

1-16 Die Dame umrundet den Herrn in acht gleich großen **Simples**.

Der Herr erhebt sich.

1-16 Der Herr umrundet die Dame in acht gleich großen **Simples**. Die Dame dreht sich dabei mit ihm mit.

Der Tanz beginnt erneut.

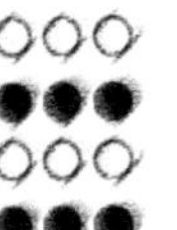

Pavane la Battalgia

Reihentanz für eine gerade Anzahl Paare.
Gerader Takt

Tanzbeschreibung

Die Tanzenden bilden zwei Reihen. Der Blick ist zu Beginn nach vorne gerichtet. Die Paare reichen einander die Hand.
Die Tanzenden werden in Paare 1 und 2 untergliedert.

I

1-8 Alle tanzen ein **Simple links, Simple rechts, Double links.**
1-8 Alle tanzen ein **Simple rechts, Simple links, Double rechts.**
1-8 Alle tanzen ein **Simple links, Simple rechts, Double links.**
1-8 Alle tanzen ein **Simple rechts, Simple links, Double rechts,** an dessen Ende die Tänze leicht auffächern.

Alle „Simples links"/„rechts" werden in diesem Tanz leicht eingeschrägt nach vorne getanzt, sofern in der Beschreibung nichts anderes gesagt wird.

IIa

1-4 Paar 1 geht seitwärts zwei **Simple** auseinander.
Paar 2 geht seitwärts zwei **Simple** zueinander.
5-8 Paar 1 tanzt ein **Double** rückwärts.
Paar 2 tanzt ein **Double** vorwärts.
1-4 Paar 1 geht seitwärts zwei **Simple** zueinander.
Paar 2 geht seitwärts zwei **Simple** auseinander.
5-8 Paar 1 tanzt ein **Double** vorwärts.
Paar 2 tanzt ein **Double** rückwärts.

IIb – Reprisa

1-4 Paar 1 tanzt ein **Double** rückwärts.
Paar 2 tanzt ein **Double** vorwärts.
5-8 Paar 1 geht seitwärts zwei **Simple** auseinander.
Paar 2 geht seitwärts zwei **Simple** zueinander.

Forts.

1-4 Paar 1 tanzt ein **Double** vorwärts.
Paar 2 tanzt ein **Double** rückwärts.
5-8 Paar 1 geht seitwärts zwei **Simple** zueinander.
Paar 2 geht seitwärts zwei **Simple** auseinander.

III
Die Paare wenden sich zueinander.
1-4 Alle tanzen seitwärts **Simple links, Simple rechts.**
5-8 Drehung auf dem Platz mit einem **Double links.**
1-4 Alle tanzen zueinander ein **Simple rechts, Simple links.**
5-8 Halbe Drehung mit dem Partner mit einem **Double rechts.**

1-4 Alle tanzen seitwärts ein **Simple links, Simple rechts.**
5-8 Drehung auf dem Platz mit einem **Double links.**
1-4 Alle tanzen zueinander ein **Simple rechts, Simple links.**
5-8 Halbe Drehung mit dem Partner mit einem **Double rechts.**

IV
Die Paare wenden sich wieder nach vorne.
1-2 Pause.
3-8 Paar 1 **wendet in drei Simple aus.**
90° aus der Reihe, 90° bis Schulter an Schulter mit Paar 2 und anschließend 180° zurück in die Reihe.
Paar 2 rückt dabei mit drei **Simple** vor.
1-4 Paar 2 **wendet mit einem Double aus**, endet Schulter an Schulter mit Paar 1.
Paar 1 geht dabei ein **Double** vorwärts.
5-8 Paar 2 tritt mit einem **Double** zurück in die Reihe.
Paar 1 geht dabei ein **Double** vorwärts und wendet um 180°.

Beide Paare wenden sich anschließend um 180° und sind nun entgegen der Tanzrichtung aufgestellt.

Forts.

1-2 Pause.
3-8 Paar 2 **wendet in drei Simple aus.**
90° aus der Reihe, 90° bis Schulter an Schulter mit Paar 1 und anschließend 180° zurück in die Reihe.
Paar 1 rückt dabei mit drei **Simple** vor.
1-4 Paar 1 **wendet mit einem Double aus**, endet Schulter an Schulter mit Paar 2.
Paar 2 geht dabei ein **Double** vorwärts.
5-8 Paar 1 tritt mit einem **Double** zurück in die Reihe.
Paar 2 geht dabei ein **Double** vorwärts und wendet um 180°

V
Die Paare wenden sich wieder nach vorne.
1-4 Alle tanzen ein **Simple links, Simple rechts.**
5-8 Jedes Paar dreht sich nun gemeinsam eine Vierteldrehung.
Paar 1 dreht sich links herum um den Herrn.
Paar 2 dreht sich rechts herum um die Dame.
1-4 Alle tanzen auf der Linie ein **Simple links, Simple rechts.**
5-8 Jedes Paar dreht sich nun gemeinsam eine Vierteldrehung.
Paar 1 dreht sich links herum um den Herrn.
Paar 2 dreht sich rechts herum um die Dame.

VI
Die Paare bilden jeweils eine Vierérkette.
1-8 Alle tanzen ein **Simple links, Simple rechts, Double links.**
1-8 Alle tanzen ein **Simple rechts, Simple links, Double rechts.**
1-4 Alle tanzen ein **Simple links, Simple rechts.**
5-8 Jedes Paar dreht sich nun gemeinsam eine Vierteldrehung.
Paar 1 dreht sich links herum um den Herrn.
Paar 2 dreht sich rechts herum um die Dame.
1-4 Alle tanzen auf der Linie ein **Simple links, Simple rechts.**
5-8 Jedes Paar dreht sich nun gemeinsam eine Vierteldrehung.
Paar 1 dreht sich links herum um den Herrn.
Paar 2 dreht sich rechts herum um die Dame.
1-8 Alle tanzen ein **Simple links, Simple rechts, Double links.**
1-8 Alle tanzen ein **Simple rechts, Simple links, Double rechts.**
Der Tanz wird durch eine Révérence beschlossen.

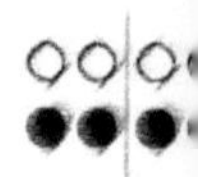

Queen's Jig

Reihentanz
Gerader Takt

Tanzbeschreibung

Die Tanzenden bilden eine Reihe. Der Blick ist zu Beginn zum Partner gerichtet.
Der Tanz wird in Karrees getanzt.

I

1-8 Herr 1 und Dame 2 tanzen miteinander ein **Siding links**.
1-8 Herr 1 und Dame 2 tanzen ein **Set and Turn links**.
1-8 Herr 2 und Dame 1 tanzen miteinander ein **Siding links**.
1-8 Herr 2 und Dame 1 tanzen ein **Set and Turn links**.

II

1-4 Herr 1 und Dame 2 tanzen miteinander einen **Platzwechsel**.
5-8 Herr 2 und Dame 1 tanzen miteinander einen **Platzwechsel**.
1-4 Jeder tanzt ein **Balance out**.
5-8 **Platzwechsel** mit dem Partner.

III

1-12 Eine **Mühle** im Karree, bis jeder wieder auf seinem Platz ist.
13-16 Jeder Tänzer **wendet um sich selbst aus**.

Es wurde ein Fortschritt erzielt, demnach bilden sich neue Karrees.
Der Tanz beginnt erneut.

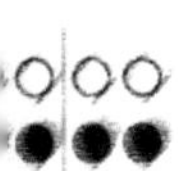

Red House

Reihentanz
Gerader Takt

Tanzbeschreibung

Die Tanzenden bilden eine Reihe. Der Blick ist zu Beginn zum Partner gerichtet. Der Tanz wird in Karrees getanzt.

I: Fallback/Meet

1-8	Die Paare 1 tanzen ein **Meet and Fallback**. Die Paare 2 tanzen ein **Fallback and Meet**.
1-8	Paar 1 tanzt ein **Set up and down** und **wendet aus**, Paar 2 schließt auf.
1-8	Die Paare 1 tanzen ein **Meet and Fallback**. Die Paare 2 tanzen ein **Fallback and Meet**.
1-8	Paar 1 tanzt ein **Set down and up** und **wendet aus**, Paar 2 schließt auf.

II: Chasing

1-16	Herr 1 **wendet aus**, Dame 1 folgt ihm. Sie umrunden hintereinander Paar 2. Sie umkreisen das andere Paar dabei einmal vollständig. Ab dem 13. Schlag rückt Paar 2 auf den Platz von Paar 1 auf und Paar 1 nimmt die Position von Paar 2 ein.
1-16	Dame 2 **wendet aus**, Herr 2 folgt ihr. Sie umrunden hintereinander Paar 1. Sie umkreisen das andere Paar dabei einmal vollständig. Ab dem 13. Schlag rückt Paar 1 auf den Platz von Paar 2 auf und Paar 2 nimmt die Position von Paar 1 ein.

III: Hey

1-16	Herr 2 tritt diagonal durch Paar 1 und sie tanzen zu dritt ein **Hey**.
1-12	Dame 2 tritt diagonal durch Paar 1 und sie tanzen zu dritt ein **Hey**.
13-16	Paar 1 **wendet aus**, Paar 2 schließt auf.

Es wurde ein Fortschritt erzielt, demnach bilden sich neue Karrees. Der Tanz beginnt erneut.

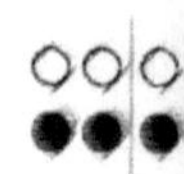

Sailor‘s Reprieve

Reihentanz
Gerader Takt

Tanzbeschreibung

Die Tanzenden bilden eine Reihe. Der Blick ist zu Beginn zum Karree gerichtet. Der Tanz wird in Karrees getanzt.

1-8 Herr 2 und Dame 1 tanzen miteinander eine **Handtour links**.
1-8 Die Damen tanzen miteinander eine **Handtour rechts**.
1-8 Herr 1 und Dame 2 tanzen miteinander eine **Handtour links**.
1-8 Die Herren tanzen miteinander eine **Handtour rechts**.

1-4 Herr 1 und Dame 1 **passieren einander**.
5-8 Paar 1 **wendet** aus dieser Bewegung heraus **aus**, Paar 2 schließt auf.
1-8 Paar 1 tanz eine **anderthalbfache Ronde**.
1-8 Alle vier tanzen miteinander eine **Mühle**.
1-8 Alle Tanzenden drehen sich um 180° und tanzen die **Mühle** zu ihrem Platz zurück.

Es wurde ein Fortschritt erzielt, demnach bilden sich neue Karrees. Der Tanz beginnt erneut.

Tipp: Es wird in der neutralen Beschreibung nicht deutlich, aber der erste Teil des Tanzen hat eine schöne Dynamik, weil der Impuls zur Handtour gewissermaßen „weitergegeben wird“.
Zuerst tanzen Herr 2 und Dame 1, dann Dame 1 und Dame 2, dann Dame 2 und Herr 1 und abschließenend Herr 1 und Herr 2. Die Darbietung wird schöner, wenn die Tänzer, die je zwei Handtouren in Folge tanzen, diese Bewegungen fließend ineinander übergehen lassen.

Schiarazula (Marazula)

Kreistanz
Gerader Takt

Tanzbeschreibung

Die Tanzenden stehen in einem durchgefassten Kreis, je abwechselnd Herr neben Dame.

1-4 Die Tanzenden machen mit dem linken Fuß einen Schritt auf der Kreisbahn, kreuzen davor mit dem rechten Bein und machen mit links einen weiteren Schritt. Abschließend „treten" sie mit dem rechten Fuß nach links.
5-8 Die Tanzenden gehen gleichsam zurück: Mit dem rechten Fuß ein Schritt nach rechts, mit dem linken davor kreuzen und mit dem Rechten einen zweiten Schritt nach rechts. Abschließend „treten" sie mit dem linken Fuß nach Rechts.
1-8 Diese Figur wird noch einmal wiederholt.

1-2 Die Paare drehen sich zueinander und schnipsen sich mit beiden Händen zu.
3-4 Jeder Tänzer dreht sich um 180° in die Kreismitte, indem er den äußeren Fuß nach innen setzt und schnipst der Person zu, die zuvor hinter ihm stand.
5-6 Jeder Tänzer dreht sich erneut um 180° in die Kreismitte, indem er den äußeren Fuß nach innen setzt und schnipst wieder seinem Partner zu.
7-8 Alle Tanzenden drehen sich nach außen und klatschen drei Mal.

Forts.

1-2 Die Paare drehen sich zueinander und schnipsen sich mit beiden Händen zu.
3-4 Jeder Tänzer dreht sich um 180° aus der Kreismitte heraus, indem er den inneren Fuß nach außen setzt und schnipst der Person zu, die zuvor hinter ihm stand.
5-6 Jeder Tänzer dreht sich erneut um 180° aus der Kreismitte heraus, indem er den inneren Fuß nach außen setzt und schnipst wieder seinem Partner zu.
7-8 Alle Tanzenden drehen sich nach innen und klatschen drei Mal.

Der Tanz beginnt erneut.

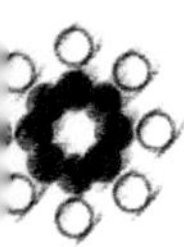

Seepferd und Biber

Kreistanz für eine gerade Anzahl Paare
Gerader Takt

Tanzbeschreibung

Die Tanzenden stehen im Kreis, die Herren innen, die Damen außen. Der Blick ist zum Partner gerichtet.
Die Tanzenden werden in Paare 1 und 2 unterteilt. Paare 1 werden als Seepferde bezeichnet, Paare 2 als Biber.
Im zweiten Teil des Tanzes drehen sich Seepferde immer 90° nach links, *Biber immer 90°* nach rechts.

1-16 Die Biber bilden Tore mit ihren Armen. Die Seepferde durchlaufen die Tore in einer **Figure Eight**.
1-16 Die Seepferde bilden Tore mit ihren Armen. Die Biber durchlaufen die Tore in einer **Figure Eight**.

1-4 Die Tanzenden klatschen zwei Mal und gehen dann zwei Schritte aneinander vorbei. Danach drehen sie sich eine Vierteldrehung in die Richtung ihres Tieres.
5-8 Auf der Kreisbahn klatschen die Tanzenden dem neuen gegenüber zwei Mal zu und gehen dann zwei Schritte aneinander vorbei. Danach drehen sie sich eine Vierteldrehung in die Richtung ihres Tieres.
9-12 Die Herren blicken nun nach innen, die Damen nach außen. Es haben sich neue Paarungen ergeben. Sie klatschen zwei Mal und gehen aneinander vorbei.
13-16 Die Herren klatschen zwei Mal nach innen, die Damen zwei Man nach außen. Dann machen alle eine halbe Drehung und blicken ihren neuen Partner an.

Der Tanz beginnt von vorn.

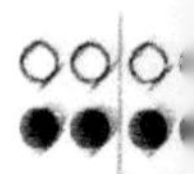

Siege of Buda

Reihentanz
Gerader Takt

Tanzbeschreibung

Die Tanzenden bilden eine Reihe. Der Blick ist zu Beginn zum Partner gerichtet. Der Tanz wird in Karrees getanzt.

1-8	Die Paare tanzen untereinander ein **Dos-a-dos**.
1-8	Auf der Linie tanzen die Herren sowie die Damen je ein **Dos-a-dos**.
1-4	Die Herren sowie die Damen tanzen je einen **halben Einhandkreis**.
5-8	Die Herren sowie die Damen tanzen ein **Fallback**.
1-4	Die Herren sowie die Damen tanzen ein **Meet**.
5-8	Die Paare tanzen miteinander einen **halben Einhandkreis**.
1-4	Das Karree tanzt eine **halbe große Ronde**.
5-8	Paar 1 **wendet aus**, Paar 2 schließt auf.

Es wurde ein Fortschritt erzielt, demnach bilden sich neue Karrees. Der Tanz beginnt erneut.

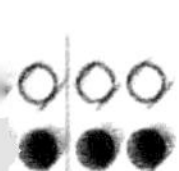

Siege of Limerick

Reihentanz
Ungerader Takt

Tanzbeschreibung

Die Tanzenden bilden eine Reihe. Der Blick ist zu Beginn zum Partner gerichtet. Der Tanz wird in Karrees getanzt.

1-6	Herr 1 **wendet aus**, Herr 2 schließt auf.
7-12	Herr 1 tritt zwischen den beiden Damen hindurch, umrundet Dame 2 und tritt zurück in die Reihe.
1-6	Dame 1 **wendet aus**, Dame 2 schließt auf.
7-12	Dame 1 tritt zwischen den beiden Herren hindurch, umrundet Herr 1 und tritt zurück in die Reihe.
1-6	Paar 2 **wendet aus**, Paar 1 schließt auf.
1-6	**Dos-a-dos** mit dem Partner.
1-12	Eine vierstufige **Kette** im Karree, bis jeder einmal herum ist.
1-6	Paar 2 fasst sich an den äußeren Händen, wendet sich zu Paar 1, deutet eine Verneigung an und wendet sich zurück.
1-6	Paar 1 **wendet aus**, Paar 2 schließt auf.

Es wurde ein Fortschritt erzielt, demnach bilden sich neue Karrees. Der Tanz beginnt erneut.

Siege of St. Malo

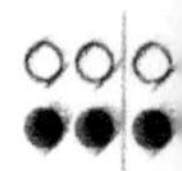

Reihentanz
Gerader Takt

Tanzbeschreibung

Die Tanzenden bilden eine Reihe. Der Blick ist zu Beginn zum Partner gerichtet. Der Tanz wird in Karrees getanzt.

1-8 Herr 1 und Dame 2 tanzen miteinander ein **Dos-a-dos**.
1-8 Herr 2 und Dame 1 tanzen miteinander ein **Dos-a-dos**.
1-8 Das Karree tanzt miteinander eine **Kette**.
1-8 Jeder tanzt ein **Set and Turn links**.

Tipp: Es gibt alternative Fassungen des Tanzes, bei denen die **Dos-a-dos** durch **Sidings** ersetzt werden.

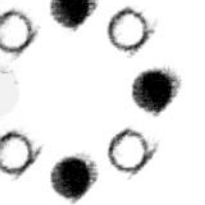

Tourdion

Kreistanz
Ungerader Takt

Tanzbeschreibung

Die Tanzenden stehen in einem durchgefassten Kreis, je abwechselnd Herr neben Dame.

I

1-3 Gemeinsam verlagern alle Tanzenden ihr Gewicht auf das linke Bein.
4-6 Gemeinsam verlagern alle Tanzenden ihr Gewicht auf das rechte Bein.
1-3 Mit dem linken Fuß wird ein Schritt vor gemacht.
4-6 Und das Gewicht wird anschließend wieder auf das hintere, rechte Bein verlagert.

Dies wird noch drei Mal wiederholt.

IIa

1-6 Jede Dame tanzt vor ihrem Herrn nach links einen Platz weiter und reiht sich dort wieder in den Kreis ein.
1-3 Mit dem linke Fuß wird ein Schritt vor gemacht.
4-6 Und das Gewicht wird anschließend wieder auf das hintere, rechte Bein verlagert.

Dies wird noch drei Mal wiederholt.

Forts.

I

1-3 Gemeinsam verlagern alle Tanzenden ihr Gewicht auf das linke Bein.

4-6 Gemeinsam verlagern alle Tanzenden ihr Gewicht auf das rechte Bein.

1-3 Mit dem linke Fuß wird ein Schritt vor gemacht.

4-6 Und das Gewicht anschließend wieder auf das hintere, rechte Bein verlagert.

Dies wird noch drei Mal wiederholt.

IIa

1-6 Jeder Herr vor ihrer Dame nach rechts einen Platz weiter und reiht sich dort wieder in den Kreis ein.

1-3 Mit dem linken Fuß wird ein Schritt vor gemacht.

4-6 Und das Gewicht wird anschließend wieder auf das hintere, rechte Bein verlagert.

Der Tanz beginnt von vorn.

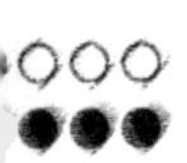

Traubentritt

Reihentanz
Gerader Takt

Tanzbeschreibung

Die Tanzenden bilden eine Reihe. Der Blick ist zu Beginn nach vorne gerichtet. Die Paare reichen einander die Hand.

1-8 Die Tanzenden machen vier **Simple links** je mit dem linken Fuß; auf dem vierten wenden sie sich innen herum und blicken nun entgegen der Tanzrichtung. Sie fassen sich wieder an den inneren Händen.
1-8 Die Tanzenden machen vier **Simple**; auf dem vierten wenden sie sich innen herum, bis sie einander anschauen.

1-4 **Révérence** der Herren.
1-4 **Révérence** der Damen.
1-4 **Révérence** aller Tanzenden zum Gegenüber links von ihnen.
1-4 **Révérence** aller Tanzenden zum Gegenüber rechts von ihnen.

1-8 Die Dame dreht drei Mal unter der rechten Hand des Herren, beschlossen durch eine **Révérence**.
1-4 Der hinterste Herr geht dir Reihe hindurch an den vordersten Platz, alle anderen Herren rücken einen Platz nach hinten auf.

Der Tanz beginnt erneut.

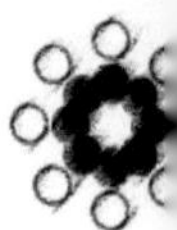

Ungaresca

Kreistanz
Gerader Takt

Tanzbeschreibung

Die Tanzenden stehen im Kreis, die Herren innen, die Damen außen. Der Blick folgt der Kreisbahn. Die Dame legt ihre linke Hand in die rechte Hand des Herrn.

1-8 Ein **Lead up and down** entlang des Kreises.
1-8 Das **Lead up and down** wird wiederholt.

1-8 Die Tanzenden drehen sich zueinander und tanzen je ein **Double links**, dann ein **Double rechts** auf der Kreisbahn.
1-4 Jeder tanzt eine **Drehung um die linke Schulter**.
1-8 Die Tanzenden drehen sich zueinander und tanzen je ein **Double links**, dann ein **Double rechts** auf der Kreisbahn.
1-4 Die Damen drehen mit einem **Double rechts** einen Platz weiter entlang der Kreisbahn.
Die Herren können nach Belieben eine **Drehung um die linke Schulter** tanzen.

Der Tanz beginnt von vorn.

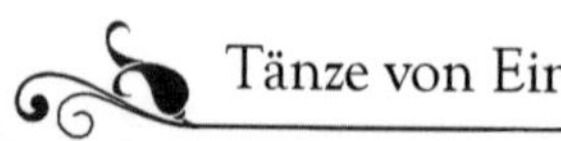

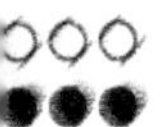

Upon a Summer‘s Day

Reihentanz zu je drei Paaren
Gerader Takt

Tanzbeschreibung

Die Tanzenden bilden eine Reihe. Der Blick ist zu Beginn nach vorne gerichtet.
Der Tanz wird zu je drei Paaren getanzt.

I

1-8 Alle tanzen ein **Lead up and down**.
1-8 Alle tanzen ein **Set and Turn links**.
1-8 Das **Lead up and down** wird wiederholt.
1-8 Alle tanzen ein **Set and Turn rechts**.

II

1-8 Alle tanzen ein **Meet and Fallback**.
1-8 Paar 1 tritt zwischen Paar 2 hindurch, dann je zwischen den Damen bzw. Herren durch die Reihe nach außen. Die Paar 2 und 3 rücken dabei nach vorne, sodass Paar 1 sich hinten wieder anschließen kann.
1-8 Alle tanzen ein **Meet and Fallback**.
1-8 Paar 2 tritt zwischen Paar 3 hindurch, dann je zwischen den Damen bzw. Herren durch die Reihe nach außen. Die Paar 3 und 1 rücken dabei nach vorne, sodass Paar 2 sich hinten wieder anschließen kann.
1-8 Alle tanzen ein **Meet and Fallback**.
1-8 Paar 3 tritt zwischen Paar 1 hindurch, dann je zwischen den Damen bzw. Herren durch die Reihe nach außen. Die Paar 1 und 2 rücken dabei nach vorne, sodass Paar 3 sich hinten wieder anschließen kann.

Forts.

III

1-8 **Siding links** mit dem Partner.
1-8 Jeder tanzt ein **Set and Turn links**.
1-8 **Siding rechts** mit dem Partner.
1-8 Jeder tanzt ein **Set and Turn rechts**.

II

1-8 Alle tanzen ein **Meet and Fallback**.
1-8 Paar 1 tritt zwischen Paar 2 hindurch, dann je zwischen den Damen bzw. Herren nach außen. Die Paar 2 und 3 rücken dabei nach vorne, sodass Paar 1 sich hinten wieder anschließen kann.
1-8 Alle tanzen ein **Meet and Fallback**.
1-8 Paar 2 tritt zwischen Paar 3 hindurch, dann je zwischen den Damen bzw. Herren nach außen. Die Paar 3 und 1 rücken dabei nach vorne, sodass Paar 2 sich hinten wieder anschließen kann.
1-8 Alle tanzen ein **Meet and Fallback**.
1-8 Paar 3 tritt zwischen Paar 1 hindurch, dann je zwischen den Damen bzw. Herren nach außen. Die Paar 1 und 2 rücken dabei nach vorne, sodass Paar 3 sich hinten wieder anschließen kann.

IV

1-8 **Handtour links** mit dem Partner.
1-8 Jeder tanzt ein **Set and Turn links**.
1-8 **Handtour rechts** mit dem Partner.
1-8 Jeder tanzt ein **Set and Turn rechts**.

Forts.

II

1-8 Alle tanzen ein **Meet and Fallback**.

1-8 Paar 1 tritt zwischen Paar 2 hindurch, dann je zwischen den Damen bzw. Herren nach außen. Die Paar 2 und 3 rücken dabei nach vorne, sodass Paar 1 sich hinten wieder anschließen kann.

1-8 Alle tanzen ein **Meet and Fallback**.

1-8 Paar 2 tritt zwischen Paar 3 hindurch, dann je zwischen den Damen bzw. Herren nach außen. Die Paar 3 und 1 rücken dabei nach vorne, sodass Paar 2 sich hinten wieder anschließen kann.

1-8 Alle tanzen ein **Meet and Fallback**.

1-8 Paar 3 tritt zwischen Paar 1 hindurch, dann je zwischen den Damen bzw. Herren nach außen. Die Paar 1 und 2 rücken dabei nach vorne, sodass Paar 3 sich hinten wieder anschließen kann.

Tipp: Viele hadern damit, dass es im mittleren Teil ein **Meet and Fallback** ist und wollen intuitiv ein **Fallback and Meet** tanzen. Das ist allerdings ein von außen sehr gut sichtbarer Fehler, weil es Unruhe in die Bewegung der ganzen Reihe bringt.
Es empfiehlt sich daher, sich von Anfang an konzentriert gut einzuprägen, wie diese Figur funktioniert.

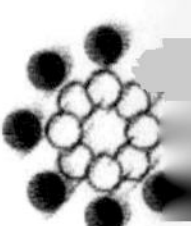

Walenki

Kreistanz
Gerader Takt

Tanzbeschreibung

Die Tanzenden stehen in einem Kreis, wobei die Damen innen und die Herren außen stehen. Alle haben den Blick zur Kreismitte gerichtet. Die Herren stehen jeweils so, dass sie genau zwischen zwei Damen hindurchschauen. Damen und Herren sind jeweils durchgefasst.

I

1-8 Die Herren gehen acht Schritte links herum im Kreis.
Die Damen gehen acht Schritte rechts herum im Kreis.
9-16 Die Herren gehen acht Schritte rechts herum zurück.
Die Damen gehen acht Schritte links herum zurück.

IIa

1-8 Alle gemeinsam gehen vier Schritte in die Mitte und anschließend wieder zurück.
1-4 Alle gehen gemeinsam vier Schritte in die Mitte. Dabei heben die Herren die durchgefassten Hände.
5-8 Alle gehen gemeinsam wieder zurück, wobei die Herren ihre durchgefassten Hände *vor* den Damen herabsenken und sich so „verflechten".

III

1-8 Miteinander verflochten gehen alle acht Schritte rechts herum im Kreis.
9-16 Alle gehen acht Schritte links herum zurück.

Forts.

IIb

1-8 Alle gemeinsam gehen vier Schritte in die Mitte und anschließend wieder zurück.

1-4 Alle gehen gemeinsam vier Schritte in die Mitte. Dabei heben die Herren die durchgefassten Hände.

5-8 Alle gehen gemeinsam wieder zurück, wobei die Herren ihre durchgefassten Hände wieder hinter den Damen herabsenken.

I

Wie zuvor.

IV

1-8 Die Damen halten sich weiter gefasst, heben ihre Arme zu Bögen und gehen aus der Kreismitte heraus.
Die Herren lassen einander los und gehen gebückt durch diese Bögen ins Kreisinnere.

9-16 Die Herren fassen wieder durch, heben ihre Arme zu Bögen und gehen aus der Kreismitte heraus.
Die Damen lassen einander los und gehen gebückt durch diese Bögen in die Mitte zurück.

1-16 Diese Figur wird noch einmal wiederholt.

Es wird durchgefasst und der Tanz beginnt erneut.

Woaf
(Auch „Weichseltanz“)

Kreistanz
Ungerader Takt

Tanzbeschreibung

Die Tanzenden stehen in einem Kreis, wobei jedes Paar in der **Kiekbuschfassung** *beginnt.*

I

1-6 Ein langsames **Chassé links**.
7-12 Ein langsames **Chassé rechts**.

II

1-3 Der Herr führt seine Dame nach links und blickt ihr über die rechte Schulter ins Gesicht.
4-6 Der Herr führt seine Dame nach rechts und blickt ihr über die linke Schulter ins Gesicht.
7-12 Die Dame dreht sich einmal unter der erhobenen, rechten Hand des Herrn und nimmt dann wieder die **Kiekbuschfassung** ein.

I

1-6 Ein langsames **Chassé links**.
7-12 Ein langsames **Chassé rechts**.

III

1-12 Ohne die Fassung zu lösen, umrundet die Dame einmal ihren Herrn. Beide heben dabei ihre Arme etwas an. Am Ende muss die Dame sich einmal um sich selbst drehen, um wieder in die **Kiekbuschfassung** zu gehen.

Forts.

I

1-6 Ein langsames **Chassé links**.

7-12 Ein langsames **Chassé rechts**.

II

1-3 Der Herr führt seine Dame nach links und blickt ihr über die rechte Schulter ins Gesicht.

4-6 Der Herr führt seine Dame nach rechts und blickt ihr über die linke Schulter ins Gesicht.

7-12 Die Dame dreht sich einmal unter der erhobenen, rechten Hand des Herrn und nimmt dann wieder die **Kiekbuschfassung** ein.

I

1-6 Ein langsames **Chassé links**.

7-12 Ein langsames **Chassé rechts**.

IV

1-12 Beide Tänzer lösen die rechten Hände und die Dame umrundet ihren Herrn an der linken Hand, um sich anschließend zu dem Herrn des nachfolgenden Paares zu begeben und so den Partner zu wechseln. Dort dreht sich sie in die **Kiekbuschfassung** ein.

Der Tanz beginnt erneut.

Index der Tänze

Index der Figuren und Schritte

Wie historisch ist das alles?

Die Frage danach, wie historisch das „historische Tanzen“ im Herzen eigentlich wirklich ist, ist berechtigt. Nicht nur, dass die Quellenlage natürlich umso problematischer wird, je weiter man zurückgeht, auch die Art, wie es aufgearbeitet wird, spaltet die Gemüter.

Auf der einen Seite stehen jene, die wirklich Wert auf die wissenschaftliche Seite legen, die aus der Geschichtswissenschaft oder auch der Mediävistik schöpfen möchten und denen es wichtig ist, dass alles Hand und Fuß hat. Und es gibt jene, denen einfach an etwas gelegen ist, was manchmal sehr technisch „historisch informierte Aufführungspraxis“ genannt wird.
Auf der anderen Seite stehen jene, die das alles vor allem zum Spaß betreiben und für die der historische Tanz auch nicht „korrekter“ sein muss als sagen wir der gemeine Mittelaltermarkt. Und tatsächlich ist vieles von dem, was man so findet, massiv von den Märkten, den Mittelalter-Musikern, von Live-Rollenspiel und teils auch von Filmen und Serien geprägt und liegt manchmal deutlich von dem entfernt, was – nach unserer gegenwärtigen Quellenlage, muss man immer sagen – historisch genannt werden könnte. Zudem gibt es von vielen Tänzen abweichende Varianten, teils historisch, teils nicht, die in anderen Gruppen getanzt und auch regional tradiert werden.

Beim **Saltatio – Historisches Tanzen Aachen e.V.**, dem Verein, den ich nun seit 10 Jahren unterrichte, versuchen wir immer, ein wenig in der Mitte zu stehen. Wir sprechen schon einmal bewusst vom historischen, nicht vom mittelalterlichen Tanz, weil wir wissen, dass vieles von dem, was wir machen, auch aus der frühen Neuzeit stammt, oder gar von noch später. Wir haben Sachen im Repertoire (und somit in diesem Buch), die nur einige wenige Jahre alt sind, aber in ihrem Stil bekannten historischen Tänzen nachempfunden wurden. All das ist uns bekannt. Ich habe in diesem Buch jedoch bewusst auf eine detaillierte historische Verortung verzichtet, da es vor allem als schnelles Nachschlagewerk ohne überzähligen Ballast fungieren soll.

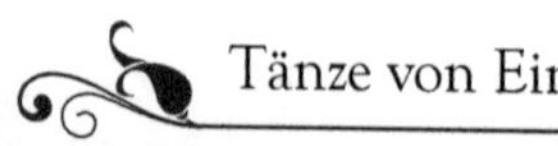

Eine Zusammenstellung dieser Tänze ergänzt um weiterführenden Informationen ist für die Zukunft angedacht, wird dann aber nicht mehr – wie dieser Titel – seinen Platz in Westen- und Handtaschen finden können.

Eines aber eint all die Tänze in diesem Buch, die historischen wie auch die weniger historischen unter ihnen: Sie machen Spaß. Tanzen macht Spaß – das ist auch die große Maxime bei uns im Verein. Ganz gleich, ob das nun tradiertes Mittelalter, überlieferte Renaissance, bis heute getanzter Volkstanz oder auch zeitgenössische Neuschöpfung ist – Tanz ist ein Vergnügen, das wir teilen möchten durch unsere Vereinsarbeit, unsere Tanzbälle, durch unser Training und nun auch durch dieses Buch.

Zuletzt muss man sagen, dass dieses Unterfangen immer ein anhaltender Prozess ist. Auch ich lerne in jedem Jahr hinzu, finde mir bis dato unbekannte Quellen, Varianten oder neue Musikstücke, ebenso wie uns natürlich stets auch die anderen Tanzgruppen und Lehrer durch ihre neuen Ideen und Erkenntnisse beeinflussen. Und nicht zuletzt durch die Arbeit mit den Tanzschülern des Vereins ergeben sich in der Praxis zudem immer wieder neue Perspektiven. Darum soll an dieser Stelle auch gerade ihnen noch einmal gedankt sein, ohne die es dieses Buch auch niemals hätte geben können.

„Wenn ich es sagen könnte, warum sollte ich es dann tanzen?“, hat die bekannte Tänzerin Isadora Duncan einmal formuliert. Jede Niederschrift von Tanz ist nur eine Annäherung, eine vage Abbildung dessen was es bedeutet, die Schritte selbst zu machen.
Dieses Buch hier versteht sich nicht als Nonplusultra, nicht als absolute Weisheit und erst Recht nicht als Dogma. Es ist die Abbildung eines fortlaufenden Prozesses, eine Momentaufnahme, und es ist eine Einladung gemeinsam zu tanzen.

Thomas Michalski,
im stürmichen Februar 2020

Für eigene Notizen